校园生活丛书

青少年交往指南

于丹丹　编著

吉林人民出版社

图书在版编目(CIP)数据

青少年交往指南 / 于丹丹编著 . -- 长春：吉林人
民出版社, 2012.4
　(校园生活丛书)
　ISBN 978-7-206-08789-9

　Ⅰ.①青… Ⅱ.①于… Ⅲ.①心理交往 – 青年读物②
心理交往 – 少年读物 Ⅳ.①C912.3-49

　中国版本图书馆 CIP 数据核字(2012)第 068484 号

青少年交往指南
QINGSHAONIAN JIAOWANG ZHINAN

编　　著：于丹丹
责任编辑：孙浩瀚　　　　　　　封面设计：七　洱
吉林人民出版社出版 发行(长春市人民大街7548号　邮政编码：130022)
印　　刷：鸿鹄(唐山)印务有限公司
开　　本：670mm×950mm　　1/16
印　　张：12.5　　　　　　　字　　数：150千字
标准书号：ISBN 978-7-206-08789-9
版　　次：2012年7月第1版　　印　　次：2023年6月第3次印刷
定　　价：45.00元

目录 CONTENT 1

第三部分　爸爸妈妈我爱你们

第四部分　老师好

第五部分　友谊地久天长

第六部分　青色橄榄

第七部分　陌生人

第一部分　神奇的交往

什么是交往

人们学习知识进入社会，了解自我，都是在人际交往中发生的。没有与别人的交往，人类就无法生存。交流沟通是人类行为的基础。

人际交往也称人际关系，是人与人之间心理上的关系。人际交往表现为人与人之间的心理距离，反映着人们寻求满足需要的心理状态。从动态讲，人际交往是指人与人之间一切直接或间接的相互作用，但都超不出信息沟通与物质交换的范围；从静态讲，是指人与人之间通过动态的相互作用形成的情感联系。人际关系是一种对立统一的关系。人与人之间既有相互依存、互相吸引的一面，也有相互分离、相互排斥的一面。当相互依存占支配地位时，就表现为人际吸引，当相互分离占支配地位时，就表现为人际排斥。人际排斥对人际关系是有害的，有时甚至会对人际交往产生极大的负面影响。

人际关系表现为亲近、疏远、友好、敌对等心理距离。人只有生活在融洽、快乐的气氛中，才能有愉快的心境、开朗的性格、健康的身心身，才不易产生疲劳，即使感到疲劳也容易很快消除。不同的人际关系，会引起不同的情感体验，良好的人际关系使人心情舒畅，促进学习或工作效率。人际关系不良，则会产生冷淡、忧虑、孤独与无助感，处于抑郁不欢的心境，从而影响身心健康。心理学家指出："孤独可能造成情绪和行为问题。"

人际交往的心理因素包括认知、动机、情感、态度与行为等。认知是个体对人际关系的知觉状态，是人际关系的前提。人与人的交往首先是感知、识别、理解开始的，彼此之间不相识、不相知，就不可能建立人际关系。认知包括个体对自己与他人、他人与自己关系的了解与把握，它使个体能够在交往中更好地、有针对性地调节与他人的关系。动机在人际关系中有着引发、指向和强化功能。人与人的交往总是缘于某种需要、愿望与诱因。情感是人际关系的重要调节因素，人们在交往过程中，总是伴随着一定的情感体验，如满意与不满意、喜爱与厌恶等，人们正是根据自身情感体验不断调整人际关系。情感直接关涉着交往双方在情感需要方面的满足程度，即心理距离。可以说，情感是人际关系中最重要的部分，它往往被当作判断人际关系状态的决定性指标。态度是人际交往的重要变量，每时每刻都在表现某种态度，态度直接影响着人际关系的建立、形成与发展，如态度与偏见、歧视的相关直接影响着人们的人际交往。

交往小问卷

这里有一个问卷，同学们可以互相对照，如果有一半以上相符，那就继续保持，争取做得更好。如果不足一半，那可就要加油了。

1.我的脸上经常有笑容。

2.好朋友不少，课间时争相玩耍、没有孤独感。

3.善于表达自己的情感。

4.有心里话会对父母说。

5.待人有礼貌。

6.喜欢助人为乐。

7.喜欢参加团队游戏和训练。

8.对朋友守信用。

9.看到父母或同学有烦恼，能表示理解和同情并进行安慰。

10.父母鼓励我与同学多交往。

11.能专注地倾听同学和老师说话。

12.有凝聚力，别人都喜欢和我玩。

13.和陌生人见面不拘束。

14.周末有时间和父母一起去郊游。

15.兴趣广泛，能很快融入新的团队。

人际交往的原则

平等的原则。社会主义社会人际交往，首先要坚持平等的原则，无论是公务还是私交，都没有高低贵贱之分，要以朋友的身份进行交往，才能深交。

相容的原则。主要是心理相容，即人与人之间的融洽关系，与人相处时的容纳、包容，以及宽容、忍让。主动与人交往，广交朋友，交好朋友，不但交与自己相似的人、还要交与自己性格相反的人，求同存异、互学互补、处理好竞争与相容的关系，更好地完善自己。

互利的原则。指交往双方的互惠互利。人际交往是一种双向行为，故有"来而不往非礼也"之说，只有单方获得好处的人际交往是不能长久的。所以要双方都受益，不仅是物质的，还有精神的，所以交往双方都要讲付出和奉献。

信用的原则。交往离不开信用。信用指一个人诚实、不欺、信守诺言。古人"有一言既出、驷马难追"的格言，现在有以诚实为本的原则。不要轻易许诺，一旦许诺、要设法实现，以免失信于人。朋友之间，言必信，行必果，不卑不亢，端庄而不过于矜持，谦虚而不矫饰诈伪，不俯仰讨好位尊者，不藐视位卑者，显示自己的自信心，取得别人的信赖。

宽容的原则。表现在对非原则性问题不斤斤计较，能够以德报怨，宽容大度。人际交往中往往会产生误解和矛盾。学生个性较强，接触又密切，不可避免产生矛盾。这就要求学生在交往中不要斤斤计较，而要谦让大度、克制忍让，不计较对方的态度、不计较对方的言辞，并勇于承担自己的行为责任，"做到宰相肚里能撑船"，他吵，你不吵；他凶，你不凶；他骂，你不骂。只要我们胸怀宽广，容纳他人，发火的一方也会自觉无趣。宽容克制并不是软弱、怯懦的表现。相反，它是有度量的表现，是建立良好人际关系的润滑剂，能"化干戈为玉帛"，赢得更多的朋友。

人际交往的技巧

记住别人的姓或名，主动与人打招呼，称呼要得当，让别人觉得礼貌相待、备受重视，给人以平易近人的印象。

举止大方、坦然自若，使别人感到轻松、自在，激发交往动机。

培养开朗、活泼的个性，让对方觉得和你在一起是愉快的。

培养幽默风趣的言行，幽默而不失分寸，风趣而不显轻浮，给人以美的享受。与人交往要谦虚，待人要和气，尊重他人，否则事与愿违。

做到心平气和、不乱发牢骚，这样不仅自己快乐、涵养性高，别人也会心情愉悦。

要注意语言的魅力，安慰受创伤的人，鼓励失败的人。赞扬取得成就的人，帮助有困难的人。

处世果断、富有主见、精神饱满、充满自信的人容易激发别人的交往动机，博得别人的信任，产生使人乐于交往的魅力。

人人都要交往

每个人都不可避免地要与他人发生千丝万缕的联系，我们生活的社会就是由各种复杂的人际关系所组成的一个巨大网络。

在人际交往的过程中，我们给他人的印象是怎样的，他人怎样评价我？认真思考这个问题，比较一下他人对自己的评价和自己对自己的评价的异同，将有助于我们更好地认识自己。

美国著名成功教育专家戴尔·卡耐基经研究发现：一个人的成功，15%是个人的专业知识，85%是靠人际关系和处世能力。可以说，人际交往能力是对人的一生起着重要作用的基本素质，它直接影响着一个人的生活、学习和工作。在普遍联系的现代社会，仅靠一个人单枪匹马，单打独斗去建功立业已经成为难以实现的幻想。我们不难发现，在社会上有些人在人生和事业上难以获得成功，并不是因为他专业能力不强，也不是因为他学历不高和智力不足，而是因为他社交能力差，不会很好地与人相处，因而缺乏社会支持，到处碰壁，举步艰难。不仅是事业的成功离不开人际交往和朋友，在我们的生活中同样离不开人际交往和朋友。我们难过时需要他人的安慰；我们遇到困难时需要他人的帮助；我们郁闷时需要向他人倾诉；我们快乐时需要与他人分享；我们孤独时需要与他人共欢。如果在我们的人生中，结交了一群肝胆相照、智慧而真诚的朋友，那么将会形成一个良好的社会支持系统，他们的智慧将会成为我们的精神养分，他们的能力将会成为我们生命的能量。一个人的能力终究是有限的，这就需要我们通过人际交往和交友，在人际互动和合作中，把个人知识、专长和经验与众多的他人融合在一起，通过分工协作，形成合力，达到共同发展。人情冷暖，世事无常，多个朋友多条路，多个敌人多堵墙。人类有着爱和归属的强烈需求，我们正是在相互交往中寻求着归属、安慰、友情、价值和保护，正是由于这种星罗棋布的人际关系，才使得每个人不至于独自面对风云多变的自然界和错综复杂的人世间。可以说，人正是依靠彼此的互助才得以生存的，无论是生活还是事业，我们都需要他人的理解和支持。

由于学业的竞争，学生学习压力增大，不少人忽视了交往，缺少了解和交流；另一方面，现在的中学生基本上都出自独生子女家庭，虽然渴望与同龄人交往，但习惯以自我为中心，难免产生交友方面的困难，甚至有些同学产生逃避思想，如有的人认为并不需要朋友、朋友不是很重要等。

心理学家在研究中发现，自我评价的孤独可能是互为因果的。自我评价低的人不去结交朋友，怕遭到拒绝，从而导致孤独；孤独也可能导致自我评价低。在一个重视交际能力的社会里，自认为缺乏这种能力的人，往往低估自己。

人是一种群居动物，喜欢和其他人接触，喜欢和其他人在一起，有一种合群的倾向。例如，这种合群倾向的早期表现就是亲子间的依恋。社会心理学家认为合群会降低人的恐惧，当人们面临不熟悉的情况时，力求了解这个情况，更易导致合群行为。

中学生正处于一种生理、心理巨变时期，面临一种陌生的身心环境，因而合群的行为也比人的其他时期更加强烈。

中学时期是人生友谊感发展很快的时期，他们感受到友谊是人们相互关系中最重要的东西。中学生不仅重视友谊，而且还形成一定的情感色彩的认识，不仅在情感上有依恋的特点，而且把友谊作为行为的内驱力。

中学生的人际交往类型

中学时期的学生之间的交往，既有普通人际交往的共同之处，又具有其本身的特点：有人说学校是象牙塔，又有人说学校像小社会。一方面，学校里的人际交往其目的较社会上单纯，情景因素占较大比例。学生之间一般比较重视心与心的交流，看重每一份真挚的情谊。在学生时代容易产生志同道合的挚友，甚至一生的知己；另一方面，校园的人际关系也从某些方面折射出社会上的人际关系。

● 自我中心型

这类交往模式最突出的特点在于"我"字优先：在生活上"自我中心"式，有的学生对于集体生活没有充分的思想准备，沿袭着在家中当"小皇帝"的习惯，觉得周围的人让着他是应该的，他想干什么就得干什么，不管是否影响他人的生活习惯；有的在学习上"自我中心"，因为自己是班上的尖子，就觉得自己在学习上占有较大的优势，看不起一般的同学，不愿与他人共同探讨、相互学习，总认为自己是最好的；有的在社会活动、集体活动中以"自我"为中心，认为自己是小团体的核心或班里活动的主要组织者，甚至在学校、区、市里都小有名气，总听不进别人的建议和想法，总希望别人依照自己的"吩咐"去做；也有的集以上两种或三种毛病于一身。可以想见，这样的人越多，这个生活圈子的人际关系就会越不和谐。

自我中心型的交往方式最易导致孤立、不受欢迎的局面，给自己、他人带来不必要的烦恼，给集体带来不必要的损失。以我为中心的人应该发现"山外青山楼外楼"，学习伟人的谦虚美德，善于从他人身上吸取养分；而周围的人也应帮助引导他，并怀有适度的宽容精神。

● 自我封闭型

自我封闭型的交往方式主要有以下几种情况：1.由于性格原因造成。这些人愿意与他人交往，但性格内向孤僻，比较害羞，不知如何主动与人相处，只是较为被动地应答他人的行为，内心世界不为他人所了解——虽然他也愿意甚至渴望达到理解；2.由于独立意识过强造成。这类人认为"事事不求人"或"一两个朋友足矣"。他们觉得自己的个人力量足以处理好一切事务，而不需他人友谊和援助；3.由于过于看重个性所造成。这类人认为"如果为了使相互之间的关系融洽而彼此适应对方，就是抹杀了自己的个性"。4.由于否定友谊所造成。这类人认为"人心难测，朋友难交"，怀疑朋友之间会有真正的友情。

自我封闭型的交往方式与多年前中国闭关自守、眼睛不看国门外、一心只顾埋头搞建设的境况一样，不适合信息交流量日趋增大的现代生活。自我封闭型的学生应该从国家由封闭锁国而改革开放悟出真谛，开阔自己的胸怀，去广交朋友。

● 亦步亦趋型

亦步亦趋型的交往方式指的是老好人般的交友方式。持这种方式的人往往人云亦云，而人云亦云的本质是交友无原则。表面上与谁都挺好，实际上没有一个真正的朋友。这种交往模式容易助长坏风气，既使自己失去真正的友情，又不利于集体好风气的形成。

事实上，维护友谊，不等于迁就对方。附和对方，靠一团和气来调和矛盾，虽然表面上不伤情感，但实际上拉大了彼此的心理距离。交朋友必须坚持原则，有时不妨做诤友，给予他人真心的批评与建设，建立真正的、互帮互助的、和谐的人际关系。

● 社会功利型

这种观念由来已久，培育于"性恶"论的土壤中。古代希腊人的"个体人格"，近代边沁、密尔的"功利主义"，都是社会功利型交往者的鼻祖。学生之间的社会功利型交往方式是社会上一些不良的风气在学生中的折射。持这一交往方式的人往往把友情看做交易，认为"友谊"无所谓真情实意的情感交流，只是人与人之间的彼此利用，是对双方都有好处的代名词。这类人往往没有目的不做事情，即所谓的"不吃亏"。因此，其"友谊"好时可以"天长地久""称兄道弟"，而当利益转移，便可能"移情别恋"，与他人续前缘；常常表面恭恭敬敬，背地里另有打算。虽然这在学生中占少数，但依然污染了校园空气。

这样的人将个人利益置于首位，将物质利益看得过重。他们应该一方面注重个人道德修养，另一方面将"小我"放到"大我"中，使自己融入集体。

自然，对于具体的人际交往现象绝不可以简单武断地归之于哪一种交往类型。人是复杂的，分析人的问题千万不可简单化。正是因为人是复杂的，各人价值取向也会各不相同，所以很难，也没有必要千人一律。但就每个人而言，自己在人际交往中一定要提醒自己不要做让别人反感的人。

时刻明白自己在做什么

时刻明白自己在做什么，知道自己最需要什么。在生活的道路上知道和明白自己生活的目标和理想，生活在一个环境中你可能会受到环境对你自己的影响，但是你不能迷失自己，你应该坚持自己的原则和生活习惯，在合理的范围内改变自己。生活的艺术在于你自己不断地调整自己，以适应不断变化的环境和所遇到的不同情况。我们所面对的问题无非有两点，如何处理好自己和自己的关系以及自己对周围的关系，这两种关系时刻也始终伴随着我们。我们在生活中要处理好这两种关系。每个人都应该在自己的位置上做好自己。

知道自己最需要什么，明白自己目前最需要什么。

不要太在意别人的眼光和评论，因为每个人都有自己的思考方法，不要期望每个人都和你的一样。但前提是，你所坚持的你认为正确的东西必须要符合规律和道德观念，尊重别人的观点，不要正面反击。

做人，交友要有分别，不要把什么人都当成朋友。交友要慎重，做人要真诚，不要过于重视外表，注重自己内在的修养。

要柔和地接受事物，做到坚定而不固执，冷静而不冷漠，稳重而不失去激情。

时刻调整自己以顺应潮流，要接受新观念和新理念。

不刻意迎合别人，不刻意疏远别人，尽自己的努力帮助别人，说话要留余地，做人要圆滑。

凡事不要依赖别人，多靠自己，最明智的活法是做好自己。只有你自己强大了，别人才会尊重你。每个人都有自己的小花园需要整理，不要只是去羡慕和嫉妒别人的，你也可以依靠自己修整好自己的花园。

适当地减少自己不必要的愿望，不要什么都想要，那样的话，你会活得很累，也就没有更多的精力来做好你自己应该做的事情，学会放弃，真正成功的人并不是在每一方面做得都很优秀的人，而是在某一方面做得很出色的人。

尊重每一个人，这样你才会赢得别人的尊重。一定要多说别人的好处，不要揭露别人的缺点。

珍惜自己和别人的时间。

最后一点，最重要的一点是，你自己一定要喜欢你自己，爱你自己。一个连自己都讨厌自己的人，是不会受到人们的喜欢的，爱你自己！

心理小测验

——你是善于交往的人吗？

美国著名教育家卡耐基先生曾指出：一个人事业的成功，只有15%是由他的专业技术决定，另外的85%，则要靠人际关系。你是否善于交际？请回答下面的问题：

1～10题：a为1分，b为2分，c为3分。

1.一位朋友邀请你参加（他）她的生日。可是，任何一位来宾你都不认识：

a.你借故拒绝，告诉（他）她说："那天已经有别的朋友邀请过我了。"b.你愿意早去一会儿帮助（他）她筹备生日。c.你非常乐意去认识他们。

2.在街上，一位陌生人向你询问到火车站的路径。这是很难解释清楚的，况且，你还有急事：

a.你让他去向远处的一位警察打听。b.你尽量简单地告诉他。c.你把他引向火车站的方向。

3.你表弟到你家来，你已经有两个月没有见到过他了。可是，这天晚上，电视上有一部非常精彩的电影：

a.你让电视开着，与表弟谈论。b.你说服表弟与你一块看电视。c.你关上电视机，让表弟看你假期中的照片。

4.你父亲给你寄钱来了：

a.你把钱搁在一边。b.你买一些东西，如油画、一盏漂亮的灯，装饰一下你的卧室。c.你和你的朋友们小宴一顿。

5.你的邻居要看电影去，让你照看一下他们的孩子。孩子醒后哭了起来：

a.你关上卧室的门，到餐厅去看书。b.你看看孩子是否需要什么东西。如果他无故哭闹，你就让他哭去，终究他会停下来的。 c.你把孩子抱在怀里，哼着歌曲想让他入睡。

6.如果你有闲暇，你喜欢干些什么：

a.待在卧室里听音乐。b.到商店里买东西。c.与朋友一起看电影，并与他们一起讨论。

7.当你周围有同学生病住医院时，你常常是：

a.有空就去探望，没有空就不去了。b.只探望同你关系密切者。c.主动探望。

8.在你选择朋友时，你发现：

a.你只能同你趣味相同的人们友好相处。b.兴趣、爱好不相同的人偶尔也能谈谈。c.一般说来你几乎能同任何人都合得来。

9.如果有人请你去玩或在聚会上唱歌，你往往：

a.断然回绝。b.找个借口推辞掉。c.饶有趣味地欣然应邀。

10.对于他人对你的依赖，你的感觉如何？

a.避而远之，我不喜欢结交依赖性强的朋友。b.一般地说，我并不介意，但我希望我的朋友们能有一定的独立性。c.很好，我喜欢被人依赖。

● 分数为25～30：

你非常善于交际，你的伙伴们非常爱你，你总是面带笑容，为别人考虑的比为自己考虑的要多，朋友们为有你这样一位朋友而感到幸运。

● 分数为15～25：

你不喜欢独自一个人待着，你需要朋友围在身边。你非常喜欢帮忙——如果这不花费你太多精力的话。

● 分数为15分以下：

注意，你置身于众人之外，仅仅为自己而活着。你是一位利己主义者。要奇怪为什么你的朋友这样少，从你的贝壳中走出来吧。

你的人际交往智商有多高？

● 学生心理自述

父母为了让我能考上重点大学，没日没夜地督促我学习；学校里是三天一小考、五天一大考，各方面的压力几乎使我透不过气来。父母、老师一个劲儿地说要"抓紧""努力"，我觉得这种话都听腻了，近来很反感他们的说法，甚至公开与父母老师对着干。

同学之间也"拼杀"得昏天黑地，我时不时地去挖苦他们几句。因此，与同学的关系也越来越紧张。现在我感到很孤立，根本没有心思学习，剩下的残局也不知该如何收拾才好。

● 心理剖析

这位同学在与他人的沟通方面存在一定的困难，像他一样存在社交问题或社交障碍的中学生比较普遍。一个人不能总生活在真空之中，学生的一切都离不开周围社会、老师、同学及父母的支持。一个学生的能力除体现在学业成绩上之外，还应该包括其人际交往能力，这是在当今社会的一种基本生存技能。

中学生人际交往"智商"的高低主要体现在他们建立"统一战线"的能力，即体现在他们是否善于利用周围的合力，善于利用各种人际支持系统，协调与父母、老师、同学及周围环境的关系，营造一个有利于学习和自我成长的氛围，争取一个和谐的社会环境和周边环境。很多同学往往忽视了这一点，他们有时与老师、父母对着干，其实这是极不明智的一种行为，最终可能使自己陷入孤立无援的境地。

尽管人际交往"智商"不能像语文、数学那样可以直接打分，但仍然有一定的评估标准，高人际"智商"者一般有广泛的合作意识及快速的社会适应力，并能够及时完善和处理各种错综复杂的人际关系。

成功经验：多为别人服务，多被他人"利用"。

"多为他人服务"，这是一种建立良好人际关系的最简单和最高级的处世方法。然而，"被人利用"谁也不愿意。其实这只是你还没有明白其中的缘由和奥妙而已。从"自我中心""关注自我"转变到主动关心别人，这是衡量青少年心理是否成熟的一个重要标志。

有位哲学家就曾经说过，他自己就是因为经常"被人利用"才有所成就的。别人不想干、难干的事情，总是指使他去干；别人不愿意讲解或不好讲解的经典著作，就总是让他去讲；好事轮不到他，棘手之事经常让他去啃硬骨头……

虽然指使他的人当时感到很痛快，可以偷懒和省事，但到头来却因自己失去了许多锻炼的机会而无所收获。而这位哲学家却因"祸"得福，各种艰难困苦的环境造就了他坚韧不拔的品德；讲解各类深奥的经典著作，使他成为一代知识渊博的哲学大师。

其实能"被人利用"说明你还有能力，还有可用之处，这并不是一件那么坏的事情！从短期利益和表面上看，被人"利用"似乎不是一件太光彩的事情，但"风物长宜放眼量"，真正卓有成就者大都是注重长远利益之人！

● 心理忠告

首先设法理解和支持他人，才能得到他人的理解和支持。

每每听到同学诉说没有人理解自己，却很少听他们说自己该怎样主动去理解别人，不少人总是站在自己的立场上考虑自己的需求，却很少考虑别人的愿望。如果想真正获得别人的理解和支持的话，首先需要学会去理解和关心他人，学会把自己奉献给他人是人生的最高境界。把自己的关怀、支持、理解、鼓励奉献给你周围的人们，这是成功人际交往中所不能缺少的优秀品质。

因为任何事情的成功离不开社会与他人的信任与支持。换句话说，你的学习与工作只有得到社会的认可才能体现其价值。所以要实现自我价值就得为社会、为别人多做贡献。很多人不明白这个简单的道理，他们就是因为过分的自私自利而失去了朋友的信任。当然每个人都希望得到更多的关爱，但爱是一种互动，唯有你时时去爱别人，你才会体会到一种真爱的回报。

学会奉献自己不会给你带来不利，而会给你带来意外的收获！

中学生应该抛弃"付出就是牺牲"的传统看法，应感谢别人给我们付出和奉献的机会。因为只有通过无私奉献和帮助别人，才能使我们的内心得到真正的满足。那么为什么具有爱心和奉献精神的人才能获得最大的支持和更多的成就呢？因为具有爱心的人，容易得到人们的认可和赞赏，这种良性反馈又进一步增强了自信心，促使自我更充分地发挥自己的才能，因而取得更理想的成绩。因此，爱心和奉献精神是成功生活和人际交往不可缺少的条件，而自私自利是一种短期行为，它随时都可能破坏你与他人的友好关系。

中学生交往中的几种常见不良心理

自卑心理。这是大家比较熟悉的一种不良心理，这种心理表现为对自己缺乏一种正确的认识，在交往中缺乏自信，总觉得自己不行，比别人差，觉得不足的地方太多。这样导致他们失去交往的勇气和信心。

自傲心理。与自卑心理相反。在交往中过高地估计自己，总觉得自己优于别人，摆出一副盛气凌人的样子，自以为是，甚至发展为不愿意与人为伴。这一心理往往成为交往的障碍，大家都不会喜欢与自高自大、目空一切的人交往。

猜疑心理。表现在交往过程中，自我牵连倾向太重，何谓自我牵连太重，就是总觉得其他什么事情都会与自己有关，对他人的言行过分敏感、多疑。比如你做错事时刚好被别的同学看到，恰好过一会儿该同学被老师叫去做事情，而你就会怀疑这个同学肯定会打报告，而实际上，他根本没有向老师提起。

随意心理。表现为在交往过程中，采取不负责任的态度，只是按照自己的意思，随着自己的情绪的变化来对待与对方的交往。比如今天你心情特好，所以邀请邻居去公园玩。在玩的时候你不小心跌了一跤，不仅身上满是泥浆，而且还破皮流血，这时你的心情就变得不愉快，情绪发生了变化，当时你就狠狠地对邻居说"不玩了"。说完，自己独自走了，也没有考虑邻居这时的心理感受。同学们，不知道在交往中你们有没有出现过这种情况，"有则改之，无则加勉"吧！

逆反心理。主要表现在代际交往中，即表现在与长辈的交往中。由于对长辈有意见，故意要与长辈说的话相违背，产生对抗。这样，往往造成双方关系更加紧张。这也是父母、老师常要感叹的"用心良苦却成空"。

自私心理。在交往中，以自我为中心，以满足自己的欲望为目的，不考虑别人利益和需求。这样，往往会引起其他同学的不满和反感，从而影响交往的发展。

嫉妒心理。表现为对别人的优点，长处和取得的成绩十分不满，抱着一种憎恨情绪，甚至采取不道德行为加以攻击。比如有的同学看到别人总是取得好成绩，就产生一种气愤的情绪，想方设法捉弄别人。

支配心理。表现为在交往中，以满足支配欲为目的。拉帮结伙，惹是生非，一旦对方不听他的支配（命令、调遣、使唤）便断绝交往或加以惩罚。此外，还有害羞心理、封闭心理、恐惧心理、孤僻心理、敌视心理、刻板心理等等。

当然，这些不良心理并不是彼此孤立的，而是往往会相互交错，相互作用。在不同的交往过程中，对中学生的人际交往产生重大的不良影响。

人际交往的心理趣谈

●首因效应

首因效应在人际交往中对人的影响较大，是交际心理中较重要的名词。人与人第一次交往中给人留下的印象，在对方的头脑中形成并占据着主导地位，这种效应即为首因效应。我们常说的"给人留下一个好印象"，一般就是指的第一印象，这里就存在着首因效应的作用。因此，在交友、招聘、求职等社交活动中，我们可以利用这种效应，展示给人一种极好的形象，为以后的交流打下良好的基础。当然，这在社交活动中只是一种暂时的行为，更深层次的交往还需要您的硬件完备。这就需要你加强在谈吐、举止、修养、礼节等各方面的素质，不然则会导致另外一种效应的负面影响，那就是近因效应。

●近因效应

近因效应与首因效应相反，是指交往中最后一次见面给人留下的印象，这个印象在对方的脑海中也会存留很长时间。多年不见的朋友，在自己的脑海中的印象最深的，其实就是临别时的情景；一个朋友总是让你生气，可是谈起生气的原因，大概只能说上两三条，这也是一种近因效应的表现。利用近因效应，在与朋友分别的时候，给予他良好的祝福，你的形象会在他的心中美化起来。有可能这种美化将会影响你的生活，因为，你有可能成为一种"光环"人物，这就是光环效应。

●光环效应

当你对某个人有好感后，就会很难感觉到他的缺点存在，就像有一种光环在围绕着他，你的这种心理就是光环效应。"情人眼里出西施"，情人在相恋的时候，很难找到对方的缺点，认为他的一切都是好的，做的事都是对的，就连别人认为是缺点的地方，在对方看来也是无所谓，这就是种光环效应的表现。光环效应有一定的负面影响，在这种心理作用下，你很难分辨出好与坏、真与伪，容易被人利用。所以，我们在交往过程中，"害人之心不可有，防人之心不可无"，具备一定的设防意识，即人的设防心理。

●设防心理

在两个人独处的时候，我们不时地会有些防范心理；在人多的时候，你会感到没有自己的空间，自己的物品是否安全；你的日记总是锁得很紧，这是怕别人夺走你的秘密。为了这些，你要设防。这种设防心理在交往过程中会起到一种负面作用，它会阻碍正常的交流。

与自己交往的"死胡同"

在生活中，我们经常看到有些人交往中存在各种矛盾，而有些人在人际交往中却是如鱼得水，十分自如，这是为什么呢？有许多专家研究发现，那些人际交往流畅的人在对与自己的交往中也是十分和谐，而那些人际交往中存在冲突的人们，他们在与自己的交往中也是十分困难，往往让自己走进了人际交往的"死胡同"。以下是与自己交往进入死胡同的人的几种想法。

不信任自己，要求十全十美。

常常对自己没有把握。

遇到事情常常批评自己。

总是强迫自己做事情，即使是自己不喜欢的事情，常使自己负担过重。

在所有的方面爱护自己。

常常给自己施加压力。

目光不对准自己，只对准他人。

不愿认识自己或感受自己的缺点一面。

一个人想要拥有与他人良好的人际关系，首先要学会与自己交往，只有走出自己的交往中的死胡同，才会拥有良好的人际关系，要记住：只有学会与自己交往，才会与他人交往。

人际关系可通过八种距离来断定

对方和你的关系如何，可以通过他与你保持的距离来判断。同时，彼此间的对话，也和双方距离的远近有很大关系。

根据美国人类学家埃特瓦特、霍尔的观察，人际关系可通过八种距离来断定。

1. 密切距离——接近型（0.15米）

这是为了爱抚、格斗、安慰、保护而保持的距离，是双方关系最接近时所具有的距离。这时语言的作用很小。

2. 密切距离——较近型（0.15~0.45米）

这是伸手能够触及到对方的距离。是关系比较密切的同伴之间的距离；也是在拥挤的电车中人与人之间不即不离的距离。

3. 个体距离——接近型（0.45~0.75米）

这是能够拥抱或抓住对方的距离。对于对方的表情一目了然。男人的妻子处于这种位置是自然的，而其他女性处在这个距离内，则易产生误解。

4. 个体距离——稍近型（0.75~1.20米）

这是双方同时伸手才能触及到的距离，这是对人有所要求时应有的一种距离。

5. 社会距离——接近型（1.20~2.10米）

这是超越身体能接触的界限，是办事时同事之间所处的一种距离。保持这种距离，使人具有一种高雅、庄严的气质。

6. 社会距离——远离型（2.10~3.60米）

这是为便于工作保持的距离，工作时既可以不受他人影响，又不给别人增添麻烦。夫妻在家时，保持这种距离，可以互不干扰。

7.公众距离——接近型（3.6～7.5米）

如果保持4米左右的距离，说明说话人与听话人之间有许多问题或思想待解决与交流。

8.公众距离——远离型（7.5米以上）

这是讲演时采用的一种距离，彼此互不相扰。

如能将以上八种距离铭记在心，就能准确、顺利地判断出你与对方所处的关系与密切程度。

人际交往的吸引性

在人与人之间，有的一见如故，有的"鸡犬之声相闻，老死不相往来"，这中间有个吸引力的程度强弱问题。造成人际吸引的原因有以下几种因素：

●长相因素

人们总是倾向于长相有魅力的人。成人更是喜欢长相好看的儿童。总之，人们会自然觉得长相漂亮的人更可爱。但如果没有美的心灵，人们反而会更加厌恶其漂亮的外表。

●性格因素

人们常常倾慕乐观开朗、助人为乐、富于幽默感、有进取精神的人。因为与这种人相处，能给人带来欢乐。对具有相反性格的人一般来说较为嫌弃。

●能力因素

人们都比较喜欢聪明能干的人，觉得与能力强的人结交是一种幸福并感到自豪。为此，不少人常结交有某种特殊才能的人为良师益友。

以上三种属于个人品质方面的吸引力。此外，还有以下几种因素。

●相近因素

邻近性不仅指居住上的接近，还包括在一些学习和工作场合上的接近，如同桌同学、同办公室、同车间的同事等等，较易结成亲密的人际关系。因为生活空间的邻近，便于了解。

● 相似因素

人们倾向于喜欢在某方面或多方面与自己相似的人。"物以类聚，人以群分"，它言简意赅地表明了人际吸引中的相似性的作用。相似因素包括民族、年龄、学历、社会地位、职业、兴趣、观点、修养等方面。

● 相补因素

在人际关系中，还会发现，人们往往还重视虽与自己不同，但能与自己互补的朋友。因为彼此可以取长补短、各得其所。相补因素在婚姻关系上更为突出，胆汁质的人很可能与抑郁质的人互补；性格恬静的人很可能与活泼好动的人互相吸引。

人际交往的阶段性

尽管人际关系的建立在形式上是多种多样的，有的自幼为邻居；有的十年同窗，有的志趣相投；有的同甘共苦……但是，从互不相识到形成友谊，一般总要经历以下三个逐渐深化的过程。

● 觉察阶段

觉察是人际关系发展的前提，谁也不会生下来就有朋友，总是从互相以对方作为知觉和交往对象开始的。在茫茫的人海之中，有的对面不相逢；有的擦肩而过，由于没有交往的动机，没有特别注意，时过境迁也就消失得无影无踪了。只有一方已觉察到另一方的存在，并进行详细的知觉和判断，才说明有了结交的表示，有了面对面的交往。

● 表面接触阶段

这是人际最为普遍的关系。如一般同学、同事和邻居，虽然经常见面、经常打交道，但仅此而已。来则聚之，去则散之，只是角色性的接触而无进一步感情上的融合。

● 亲密互惠阶段

经过一个阶段的交往彼此从熟悉到了解，从了解到主动热情地关心和帮助对方。这种亲密互惠的关系又可分为三种水平。

第一种是合作水平。比如科研团体的成员；业余兴趣小组的成员，同班同学；同一教研组的老师，等等。这种以共同行为联结起来的人际关系，感情的依赖性不是很强的，分开后，可能就彼此淡漠了。只是在共同活动过程中，能够互相融洽相处。

第二种是亲密水平。这时，彼此情感的依赖性较大而内心沟通不足。双方不仅共同活动，平时也常在一起相处，不分彼此，在一块生活、学习和工作感到很愉快；分离时，彼此惦念，久不见面十分想念。

第三种是知交水平。这时，彼此在对方心目中占有极高的地位，无话不谈、相互引为知音、心心相印。双方不仅有着强烈的情感依恋，而且在观点态度、志向目标上都趋向一致。任何外力都难以拆散。正如孟子说过："人之相识，贵在相知，人之相知，贵在知心。"这乃是人际关系的最高境界。

网络交往

电脑网络作为一种新型的信息传播和人际交往工具，正在改变着现代人的生活方式，并且对人们的学习、工作、生活和心理健康发生着越来越重要的影响。就目前情况来看，电脑网络对学生交往的影响涉及积极和消极两个方面。积极影响主要表现在建立良好的人际关系；消极影响主要表现在某些由电脑网络引发的交往障碍。

● 扩大了人际交往圈子，有助于建立良好的人际关系

人际关系冷漠是现代社会生活中日趋严重的一种社会病。人们在钢筋水泥的森林中孤独地出没，急切需要快捷便利而又自由的交际方式。网络交往使得人们的交往空间扩大，人际沟通的时效性、便利性和准确性提高，有利于良好人际关系的建立和发展，并且对学生心理健康带来积极的影响。在传统交往方式下，个体的人际交往常常囿于实际生活中狭小的生活圈子。网络社会的人们却可以跨越千山万水，突破地域空间

的限制，让整个地球变成一个小小的村落，真正实现"我们的朋友遍天下"。它可以让人足不出户在数秒之间找到多年挚友般的倾心感受，而免去了彼此的客套、试探、戒备和情感道义责任。同时，由于网络人际交往的匿名特点，学生间一般不发生面对面的直接接触，使得网络人际交往比较容易突破年龄、性别、地位、身份、外貌美丑等传统人际交往影响因素的限制，建立更为和谐、民主、平等的人际关系。

此外，电脑网络也可以作为某些交往恐惧症患者系统脱敏治疗过程中的初级训练工具。让他们首先通过电脑网络与他人进行无须直接面对面的接触和沟通，建立起人际交往的信心，随后再进行现实的人际交往训练。

●引发学生人际关系的障碍

由电脑网络所引发的人际关系障碍主要表现为网络孤独症、人际信任危机和各种交际冲突。网络孤独症与网络成瘾症非常类似，只是前者更多表现出生理和认识方面的障碍，后者侧重于人际交往方面的障碍。网络成瘾症必然伴有不同程度的人际关系障碍，网络孤独症患者则不一定表现出明显的生理障碍。网络孤独症多发生在性格内向者身上，其典型症状是：沉溺于网络，脱离现实，寡言少语，情绪抑郁，社交面狭窄，人际关系冷漠。由于个体将注意力和个人兴趣专注于网络，不仅不利于自己的心理，而且导致学习成绩下降，甚至影响毕业。

网络人际交往中普遍存在的人际信任危机也有可能影响到学生网民的现实人际交往态度，出现人际关系障碍。聊天室等虚拟社区以匿名或化名方式进行的网络交往既无法规范人们言论的真实性，甚至也公开承认或默许交往者的虚假言论。这种网络人际交往的虚幻特点使得很多学生抱着游戏般的心态参与网上交际，不仅自己撒谎面不改色心不跳，对他人言行自然也是毫无信任感可言。这种网上的人际信任危机可能迁移到他的现实人际交往中，导致现实人际交往中对他人真诚性的怀疑和自身真诚性的缺乏，进而影响与他人建立和发展良好的人际关系。

第二部分　影响交往的因素

社交能力测试：你交往中的负面性格

你经营一家专卖甜品的小店，因为口味特殊多样，所以尽管已经开张五年多了，还是生意兴隆。后来，隔壁巷子也开了一家甜品店，而且打的是低价策略，使得你的生意大受影响，这时候你会怎么办？

A.以低价迎战

B.研发更多新口味

C.再观察一阵子

D.生意难做，决定转行

●答案解析：

选择A的人：你的心机颇重、心眼颇多，虽然未必真的会使出什么坏把戏，但总是显得不够敦厚踏实。与你相处过的人，似乎都能从你身上感觉一种不舒服的氛围，指不出你有什么令人讨厌的明显缺点，但也说不出你有什么让人喜欢的鲜明优点。你好像终日汲汲营营地为私利忙碌，却不关心别人死活。

选择B的人：你不喜欢面对现实，逃避是你最拿手的绝活。当有人质疑你的能力、对你加以批评，或是交付极具挑战的任务时，表面上你虽然不会反驳或拒绝，但事实上你却觉得反感极了，再加上你也不愿意想办法解决或面对，只好来个避而不谈、避不见面，成为大家眼里不知力图振作的缩头乌龟。

选择C的人：你经常为自己所做的事找借口，一下子说是被这个人害的，一下子又说全部都是那个人的责任，好像你永远都只能扮演一个无辜受害者的角色。长期推诿责任的后果就是自掘坟墓。你骗得了一时，却骗不了一世，几次之后，你的真面目终会被拆穿，还是赶快学习当一个负责任的成熟者吧。

选择D的人：你很喜欢占别人便宜，而且不是那种光明正大的小气一族，而是暗地里的偷斤减两，非得要多人家一些、赢人家一点才觉得高兴。你之所以爱占便宜，是因为内心深处老是有一股莫名的好胜心在蠢蠢欲动，或许你自己没发觉，或许你假装不承认，但它却是让你无法有大格局性格的主因。

最好的交际技巧

——真诚

●最好的交际技巧就是没有技巧

凡对于以真话为笑话的，以笑话为真话的，以笑话为笑的，只有一个办法：就是不说话。

和别人相处要学的第一件事，就是对于他们寻求快乐的特别方式不要加以干涉，如果这些方式并没有强烈地妨碍我们的话。

人际关系是人与人之间的沟通，是用现代方式表达出论语中"欲人施于己者，必先施于人"的金科玉律。

友善的言行、得体的举止、优雅的风度，这些都是走进他人心灵的通行证。

●交际中怎样把握说话的分寸

交际中要注意说话的分寸，那么，怎样说话才不失"分寸"呢？除了提高自己的文化素养和思想修养外，还必须注意以下几点。

第一，说话时要认清自己的身份。任何人，在任何场合说话，都有自己的特定身份。这种身份，也就是自己当时的"角色地位"。比如，在学校里，对同学来说你是朋友，对父母来说你又成了儿子或女儿。

第二，说话要尽量客观。这里说的客观，就是尊重事实。事实是怎么样就怎么样，应该实事求是地反映客观实际。有些人喜欢主观臆测，信口开河，这样往往会把事情办糟。当然，客观地反映实际，也应视场合、对象，注意表达方式。

第三，说话要有善意。所谓善意，也就是与人为善。说话的目的，就是要让对方了解自己的思想和感情。俗话说："良言一句三冬暖，恶语伤人六月寒。"在人际交往中，如果把握好这个"分寸"，那么，你也就掌握了礼貌说话的真谛。

大量事实证明，说话的魅力并不在于你说得多么流畅，滔滔不绝，而在于是否善于表达真诚！

真诚，真实诚恳。真心实意，坦诚相待以从心底感动他人而最终获得他人的信任。

任何对立与冲突，都能在真诚的言行中化解；任何怨恨不满，都能在真诚的关怀中消融；任何困顿厌倦，都能在真诚的互爱中消逝；任何猜忌误会，都能在真诚的交流中消除。

真诚地表现自己

●不要不懂装懂

不懂装懂的人是令人厌烦的，特别是在长辈、知识渊博的人面前，更不要班门弄斧，以免贻笑大方。对自己不懂的东西或学问，哪怕是在同辈面前，也要不耻下问。

在长辈面前感到说话困难的原因是难以寻找共同的话题。与其如此，倒不如当对方说了自己不知道的事情后，就老老实实地请教说："那么，请教教我吧。"

●保持本色不做作

内在的气质是最宝贵的。一个真正懂得与他人相处的人，绝不会因场合或对象的变化而放弃自己的内在特质，盲目地迎合、随从别人。保持一个真实的自我并不等于要使自己与别人格格不入或标新立异，甚至明明知道自己错了或具有某种不良习惯而固执不改，而是保持自己区别于他人的独特、健康的个性。那些具有个性的人，也具备一定的魅力。

●不掩饰自己的缺陷

真诚首先就体现在外在形象上，适当的掩饰是可行的，但过分的掩饰反而适得其反。如果太过计较，难免跌入自卑的深渊。

身体矮小的男士，如果穿上超出常规的高跟鞋"垫一垫"，会让人觉得比身体矮小还滑稽。

皮肤黑黑的女士，如果涂上一层厚厚的白粉掩饰，容易让人产生粗俗不堪的印象。

忘掉自己的缺陷，看到自己的长处，培养多方面的兴趣和爱好，把精力集中在更有意义的活动中，这便是最好的办法。

●不要否认自己的过错

有些人明明知道自己错了，却硬着头皮不认账，甚至还要为自己争辩，致使矛盾得不到解决，彼此的隔阂不能消除，相互之间的交往是谈不上了，还让人觉得此人蛮不讲理，像个无赖之徒。

"人非圣贤，孰能无过？"如果你错了，就很快地、很热忱地承认。这样，你获得的友谊将使你分外满足。

●表达真诚的技巧

真诚的眼睛。坦荡如水，平静地注视，不用躲躲闪闪或目光垂下不敢直视。

真诚的举止。自然，大方，从容不迫，举手投足一副安然之态。

真诚的微笑。如一缕温馨阳光，充满暖意。皮笑肉不笑，故意挤出的笑，都缺少真诚。

真诚的称赞。称赞别人要发自内心，是心灵之语，否则就属于奉承的范畴了。

谈吐优雅大方

言之有礼，谈吐文雅，主要有以下几层含意。

一是态度诚恳、亲切。说话本身是用来向人传递思想感情的，所以，说话时的神态、表情都很重要。例如，当你向别人表示祝贺时，如果嘴上说得十分动听，而表情却是冷冰冰的，那对方一定认为你只是在敷衍而已。所以，说话必须做到态度诚恳和亲切，才能使对方对你说的话产生表里一致的印象。

二是用语谦逊、文雅。如你在一位陌生人家里做客需要用厕所时，则应说："我可以使用这里的洗手间吗？"多用敬语、谦语和雅语，能体现出一个人的文化素养以及尊重他人的良好品德。

三是声音大小要适当，语调应平和沉稳。无论是普通话、外语、方言，咬字要清晰，音量要适度，以对方听清楚为准，切忌大声说话；语调要平稳，尽量不用或少用语气词，使听者感到亲切自然。

总之，语言文明看似简单，但要真正做到并非易事。这就需要我们平时多加学习，加强修养，使我们中华民族"礼仪之邦"的优良传统，能得到进一步的发扬光大。

幽默在人际交往中的作用

幽默在人际交往中的作用是不可低估的。美国一位心理学家说过："幽默是一种最有趣、最有感染力、最具有普遍意义的传递艺术。"幽默的语言，能使社交气氛轻松、融洽，利于交流。人们常有这样的体会，疲劳的旅途上，焦急的等待中，一句幽默话，一个风趣故事，能使人笑逐颜开，疲劳顿消。在公共汽车上，因拥挤而争吵之事屡有发生。任凭售票员"不要挤"的喊声扯破嗓子，仍无济于事。忽然，人群中一个小伙子嚷道："别挤了，再挤我就变成相片啦。"听到这句话，车厢里立刻爆发出一阵欢乐的笑声，人们便马上把烦恼抛到了九霄云外。此时，是幽默调解了紧张的人际关系。

在人际交往中，还可以寓教育、批评于幽默之中，具有易为人所接受的感化作用。在饭馆里，一位顾客把米饭里的沙子吐出来，一粒一粒地堆在桌上，服务员看到了很难为情，便抱歉地问："净是沙子吧？"顾客摆摆头说："不，也有米饭。""也有米饭"形象地表达了顾客的意见，以及对米饭质量的描述。运用幽默语言进行善意批评，既达到了批评的目的，又避免出现使对方难堪的场面。

幽默还有自我解嘲的功用。在对话、演讲等场合，有时会遇到一些尴尬的处境，这时如果用几句幽默的语言来自我解嘲，就能在轻松愉快的笑声中缓解紧张尴尬的气氛，从而使自己走出困境。一位著名的钢琴家，去一个大城市演奏。钢琴家走上舞台才发现全场观众坐了不到一半。见此情景他很失望。但他很快调整了情绪，恢复了自信，走向舞台对听众说："这个城市一定很有钱。我看到你们每个人都买了二三个座位票。"音乐厅里响起一片笑声。为数不多的观众立刻对这位钢琴家产生了好感，聚精会神地开始欣赏他美妙的钢琴演奏。正是幽默改变了他的处境。

幽默虽然能够促进人际关系的和谐，但倘若运用不当，也会适得其反，破坏人际关系的平衡，激化潜在矛盾，造成冲突。在一家饭店，一位顾客生气地对服务员嚷道："这是怎么回事？这只鸡的腿怎么一条比另一条短一截？"服务员故作幽默地说："那有什么！你到底是要吃它，还是要和它跳舞？"顾客听了十分生气，一场本来可以化为乌有的争吵便发生了。所以，幽默应高雅得体，态度应谨慎和善，不伤害对方。幽默且不失分寸，才能促使人际关系和谐融洽。

幽默是一种优美的健康的品质，也是现代人应该具备的素质。那么，应当怎样培养自己幽默谈吐的能力呢？首先，要有渊博的知识和宽阔的胸怀，对生活充满信心与热情。其次，要有高尚的情趣、丰富的想象、开朗乐观的性格，才能成为幽默风趣、自然洒脱的人。

为人处世宽以待人

大家都希望自己在为人处世方面能够做得比较周全，有一个相对轻松和谐的环境，与别人很好地相处，那么宽以待人是不可缺的。我国古来就有"君子宽以待人，严于责己"的处世方法。

所谓宽以待人，就是指对他人的要求不过分，不强求于人，而是以宽容为怀，能让人时且让人，能容人处且容人。

人们交往贵在与人为善宽以待人，尽可能向他人提供方便，尽量给予他人帮助。可以说，宽以待人是一个道德水平较高的表现。你希望别人善待自己，就要善待别人，要将心比心，多给人一些关怀、尊重和理解；对别人的缺点要善意指出，不能幸灾乐祸；对别人的危难应尽力相助，不应袖手旁观，落井下石。即使是自己人生得意时，也不能得意忘形，居功自傲，而是应多想想别人对自己的帮助和恩惠，让三分功给别人。人总是喜欢和宽容厚道的人交朋友的，正所谓"宽则得众"。

宽以待人还要求我们"己欲立而立人，己欲达而达人"（《论语》）。自己要站得住，同时也使别人站得住，自己要事事行得通，同时也使别人事事行得通，"君子成人之美，不成人之恶，小人反是。"（《论语·颜渊》）在一定意义上，成人之美就是成己之美，即使对有错误的人也不要嫌弃，应给人提供改过的宽松条件，原谅别人的过失，帮助别人改正错误。正所谓与人方便，自己方便。

当然，我们讲宽以待人，也不是说一味地造就姑息，否则就会失去宽厚的本意，正所谓"过宽杀人"。没有度的宽只是麻木怯懦，明哲保身，更是纵容丑恶。也就是说，无原则宽容恶人去换取宽厚的名声，或列举琐碎小事换取精明的名声，都是有失之偏，圣人的宽容程度不使匪人有所依靠，也不使小人无所容身。这也是我们应把握的度。对恶人无原则的宽容无异于助纣为虐，对善良人们的残忍，"唯仁者能好人，能恶人。"（《论语》）朱熹也讲"血气之怒不可有，义理之怒不可无"。我们在懂得宽以待人的同时也应懂得嫉恶如仇，捍卫正义。只有做到当宽则宽，当严则严，抑恶扬善，才是真正地宽以待人。

宽以待人，正是以宽广的胸怀，宽容的气度，创造宽松的人际环境，大度豁达难容之事，使别人敬重和倾慕你的人品。特别是在竞争激烈的今天，宽以待人会使人人都喜欢与你交往。所以，宽以待人是为人处世的一个重要原则。

把握好自尊的弹性

现在社会中，我们谈事事时，都要谈到一个度的问题，自尊也是如此。打个比方，我们在学习物理时，老师曾讲到了弹性：任何具有弹性的物体，都要有一个弹性区间，无论伸张或是压缩，都要在此区间之内，否则我们看到的只会是变形吧！在心理学中，我们把自尊定义为一种精神需要，也就是人格的内核。维护自尊是人的本能和天性，当然这里也要有一个度，一个弹性的区间。为人处世若毫无自尊，脸皮太厚，不行；反过来，自尊过盛，脸皮太薄，也不好。正确的原则是：从实际的需要出发，让自尊心保持一定的弹性。

谈到自尊，从思想上认清自尊的需要和交际的需要，辨清两者之间的关系是非常重要的。过于自尊的人，总是把自尊看得很重，这时请你把看问题的立足点变一下，不要光想着自己的面子，还要看到比这更重要的东西，比如事业、工作、友谊等。还要提醒你一点的是，要坚持把实现实际的宗旨看得高于自尊，让自尊服从交际的需要。这样你对自尊才会有自控力，即使受到刺激，也不至于脸红心跳，甚至可以不急不恼，哈哈一笑，照样与对手周旋，表现出办不成事决不罢休的姿态，成为交际的赢家。

在交际过程中，审时度势，准确地把握自尊的弹性，才会达到最佳的交际效果。想一想，我们是否要注意以下几点。

在交际场上受到冷遇时，你的自尊心会面临着挑战，这时的你千万别发作，不妨多想一想你的使命、职责，为了完成任务，迅速加大自尊的承受力度。

满心希望他人肯定你花了很大的心血做的那件自认为很不错的事情，偏偏得到的是全盘否定。这时的你肯定会受到强烈的刺激，但为了挽回面子，进行辩解、反驳，甚至是争吵。这就大错特错了。因为这样维护自尊、面子，只会使事情更糟，倒不如接受这个事实，效果可能更好一些。

当你受到批评时，特别是当众挨批评更是难为情，自尊心一定受不了。此时的你要对批评能够正确理解，应采取虚心的态度，这不但不会丢面子，反而会改变他人的看法，给对方留下一个好印象。有时，批评的内容不实，有些偏颇，而批评者又处在特别的地位。这时如果你受自尊心的驱使，当场反击，效果肯定不好。理智一些，不要当场反驳，事后再进行说明，这种处理较为有利。

还有个小窍门，维护自尊时，脸皮不妨厚一点，这并不是不要尊严，而是要把握适当的度，保持最佳弹性空间。

谦虚，但别虚伪

谦虚是人类的美德，对于人际交往很重要。一个人对自己应该有个客观的评价，实事求是，不贬低自己，也不抬高自己；既能坚持正确的观点，又能虚心向别人请教。谦虚的人在交际应酬场合总是有许多朋友的，只有谦虚的人才能成为社会交往中受欢迎的人。

那么，究竟什么是谦虚呢？

谦虚就是虚心，不自满，肯接受别人的批评。从不隐瞒自己的缺点和弱点，总是知之为知之，不知为不知，这类人"不自大其事，不自尚其功"(《礼记》),即使做出了一点成绩,也认为很不够,因而总是充满了前进的动力。

一般来说,越是见多识广,越是素养高雅者,就越是谦虚;而越是无知的小人,就越是不知天外有天,就越是狂妄。

谦虚是对自己不切实际的奢望的限制,是自我反思的一面镜子。谦虚者总认为自己的长处是有限的,也总不去享受自己不能享受的特权,他将自己置于规范、法纪所约束的位置。所以本质上说谦虚是一种克己,是在努力戒掉那些不切实际的奢望,是在自己的心中自觉地设置抵挡贪欲的堤防,这样的人因此而高大、纯洁。

在这个现实的世界,好的道德与才能,如果没有人知道,这不仅是在欺骗自己,也是在欺骗别人,更是对自己功绩的诋毁。所以,过度的谦虚并不是一种可取的美德。

交际中的谦虚技巧

谦虚是一种美德,美德的表露有赖于恰当的形式。

● 分功他人——却让法

谦虚并不意味着不肯定成绩,而在于对成绩本身有一个正确的估价,对成绩有清醒的认识,尤其不要忽视他人的作用及机遇等因素。化学家戴维尔制出了纯净的铝后,有人劝告他,让他声明自己是铝的真正发现人。因为在戴维尔之前,德国人弗勒制出的铝不很纯净。戴维尔没有听从劝告,反而用铝铸了一枚纪念章,上面只刻了弗勒的名字和1827年的字样,送给了那位德国化学大师,并对劝告他的人说道:"我很荣幸,能够在弗勒开辟的大道上多走了几步。"这位科学家在取得成就的时候,念念不忘前人给予的启示,不但无损于自己做出的贡献,反而使其辉煌业绩与谦虚美德交相辉映,从而赢得了人们更大的尊敬。

在日常工作和生活中,这种归功他人的谦虚法,人们往往用得比较多,效果也比较好。某公司的副总经理才30岁出头,但许多人都夸他能举重若轻,把公司工作处理得井井有条。而他总是很客观地说:"这主要得力于几位中层干部,他们经验丰富,平时工作积极主动,各负其责;我当然就不需要操多少心了。"从这一席话里不难看出,谦虚,正是他取得成功的一个法宝。

●强调努力——侧重法

有时候，为了说明自己取得某些成就或者胜任某项工作，人们不免要对自身因素作出评判。诸如品德、才智、思维方式、心理素质、努力等。谦虚者所强调的往往是努力因素，因为这类因素较易于为人们所效仿，具有更大的启发意义和学习价值。

爱迪生被世人誉为"发明大王"。他一生为人类提供了约两千项大小发明，平均约15天一项。他发明的电灯、电报、电影、电车、电话、蓄电池、发电机、留声机等，深刻地改变和影响了人类的生活。他对人类文明所做出的巨大贡献是难以估量的。"伟大"二字冠在他的名字前面，恐怕全世界是不会有争议的。人们都说他是个天才，而他却说："天才是百分之一的灵感，百分之九十九的血汗。"在巨大的成就面前，他强调的不是天赋而是血汗，这是何等的谦虚！他的这句名言，大大提高了人们从事发明创造的勇气，激励着人们勤学苦练，奋发有为。

●找出不足——对比法

与自满相反，谦虚是一种积极的人生态度，其特点是朝前看、朝上看，在广泛对比中关注的是他人的长处、强者的水平、未来的需要，因而总能找到自己的不足，在成绩面前不骄不躁，保持永不满足的进取心。

自满之人，喜欢以自己的长处与别人的短处相比，气量狭窄，妒贤嫉能。虚心之人，喜欢以自己的短处与别人的长处相比，见贤思齐，求贤若渴。以长比短，越比越短，以短比长，越比越长。

●幽默调侃——冲淡法

有时候，他人的称赞恰如其分，若否定则有悖于事实，若肯定则有沾沾自喜之嫌，不妨采用自嘲、夸张、巧辩等形式的讥笑，将对方的称赞加以冲淡，化解或变换。

克雷洛夫是位有名的寓言大师，他写的寓言被译成53种语言。当他的朋友称赞他的书写得好、销路广时，他风趣地说："不是我的书写得好，是因为我的书是给孩子们看的，他们容易把书弄坏，所以印得多。"这样的回答，既别出心裁，又风趣幽默，显示出说话人敦厚的涵养，幽默得隽永，谦虚得妥帖。

除了上述四种方法，人们常用的还有否定法、质疑法、请教法以及各种敬词谦词法等。可以说，谦虚是一门大学问，领悟了它，就获得了一种动力、魅力、合力，就能在平凡人生中构筑起一道美丽的风景线。

七种人际交往的心理障碍

● 自负

只关心个人的需要，强调自己的感受，在人际交往中表现为目中无人。与同伴相聚，不高兴时会不分场合地乱发脾气，高兴时则海阔天空、手舞足蹈讲个痛快，全然不考虑别人的情绪和别人的态度。另外，在对自己与别人的关系上，过高地估计了彼此的亲密度，讲一些不该讲的话。这种过于亲昵的行为，反而会使人出于心理防范而与之疏远。

● 嫉妒

西班牙作家赛万斯指出："嫉妒者总是用望远镜观察一切，在望远镜中，小物体变大，矮个子变成巨人，疑点变成事实。"嫉妒是对与自己有联系的、而强过自己的人的一种不服、不悦、失落、仇视，甚至带有某种破坏性的危险情感，是通过把自己与他人进行对比，而产生的一种消极心态。当看到与自己有某种联系的人取得了比自己优越的地位或成绩，便产生一种忌恨心理；当对方面临或陷入灾难时，就隔岸观火，幸灾乐祸；甚至借助造谣、中伤、刁难、穿小鞋等手段贬低他人，安慰自己。正如黑格尔所说："有嫉妒心的人自己不能完成伟大事业，便尽量去低估他人的伟大，贬低他人的伟大性使之与他本人相齐。

嫉妒的特点是：针对性——与自己有联系的人；对等性——往往是和自己职业、层次、年龄相似而超过自己的人；潜隐性——大多数嫉妒心理潜伏较深，体现行为时较为隐秘。

● 多疑

这是人际交往中的一种不好的心理品质，可以说是友谊之树的蚀虫。正如英国哲学家培根说的："多疑之心犹如蝙蝠，它总是在黄昏中起飞。这种心情是迷陷人的，又是乱人心智的。它能使你陷入迷惘，混淆敌友，从而破坏人的事业。"具有多疑心理的人，往往先在主观上设定他人对自己不满，然后在生活中寻找证据。带着以邻为壑的心理，必然把无中生有的事实强加于人，甚至把别人的善意曲解为恶意。这是一种狭隘的、片面的、缺乏根据的一种盲目想象。

●自卑

美国心理学家的研究表明，儿童时期如果各项活动取得成绩而得到老师、家长及同伴的认可、支持和赞许，便会增强他们的自信心、求知欲，内心获得一种快乐和满足，就会养成一种勤奋好学的良好习惯。相反，他们会产生一种受挫感和自卑感。个体自卑感的形成主要是社会环境长期影响的结果。

自卑的浅层感受是别人看不起自己，而深层的理解是自己看不起自己，即缺乏自信。

●干涉

心理学研究发现，人人需要一个不受侵犯的生活空间；同样，人人也需要有一个自我的心理空间。再亲密的朋友，也有个人的内心隐秘，有一个不愿向他人坦露的内心世界。有的人在相处中，偏偏喜欢询问、打听，传播他人的私事，这种人热衷于探听别人的情况，并不一定有什么实际目的，仅仅是以刺探别人隐私而沾沾自喜的低层次的心理满足而已。

●羞怯

羞怯心理是绝大多数人都会有的一种心理。具有这种心理的人，往往在交际场所或大庭广众之下，羞于启齿或害怕见人。由于过分的焦虑和不必要的担心，使得人们在言语上支支吾吾，行动上手足失措。长此下来，会不利于同他人正常交往。

●敌视

这是交际中比较严重的一种心理障碍。这种人总是以仇视的目光对待别人。这种心理或许来自童年时期被家庭环境影响，从而使他产生别人仇视我、我仇视一切人的心理。对不如自己的人以不宽容表示敌视；

对比自己厉害的人用敢怒不敢言的方式表示敌视；对处境与己类似的人则用攻击、中伤的方式表示敌视。使周围的人随时有遭受其伤害的危险，而不愿与之往来。

战胜孤独的秘诀

人人都可能有孤独的时候，但并非人人都能够战胜自己的孤独感。

孤独，并不单纯是独自生活，也不意味着就是独来独往.一个人独处，可能并不感到孤独；而置身于大庭广众之间，未必就没有孤独感产生。

一位心理学家认为，真正的孤独，往往产生于那些虽然有肉体接触，却没有情感和思想交流的夫妇。事实上，不管你是已婚或是未婚，也不管你是置身于人群，或者是独居一室，只要你对周围的一切缺乏了解，和你身外的世界无法沟通，你就会体会到孤独的滋味。

●首先战胜自卑

因为自觉跟别人不一样，所以就不敢跟别人接触，这是自卑心理造成的一种孤独状态。这就跟作茧自缚一样，要冲出这层包围着你的黑暗，你必须首先咬破自卑心理织成的茧。

其实，大可不必为了自己跟别人不一样而忧思重重，人人都是既一样又不一样的。只要你自信一点，钻出自织的"茧"，你就会发现跟别人交往并不是一件难事。

●与外界交流

独自生活并不意味着与世隔绝。一个常年在山上工作的气象员说，他常常感到有必要把自己的思想告诉人家，可是他身边没有可以倾诉的人，所以他就用写信满足自己的这一要求。

当你感到孤独的时候，翻一翻你的通讯录，也许你可以给某位久未谋面的朋友写封信；或者给哪一位朋友挂一个电话，约他去看一场电影；或者请几位朋友来吃一顿饭，你亲自下厨，炒几个香喷喷的菜，这都别有一番情趣。

跟朋友们的联系，不应该只是在你感觉到孤独的时候，要知道，别人也都跟你一样，能够体会到友谊的温暖。

●为别人做点什么

跟人们相处时感到的孤独，有时候会超过一个人独处时的十倍。这是因为你跟周围的人格格不入。就跟你突然来到一个语言不通的国度一样，你无法跟周围的人进行必要的交流，你也无法进入那种热烈的气氛里面，你不由自主地觉得自己很孤单，而他们之中那种热烈的气氛更能衬托出你的被冷落。

要打破这种尴尬的局面，唯有"忘我"，想一想你能够为人家做点什么，这很有好处。记住：温暖别人的火，也会温暖你自己。

●享受自然，走入社会

一些习惯了孤独的人，懂得充分地享受孤独提供给他的闲暇时光。生活中有许许多多活动，都是充满了乐趣的，而孤独使你能够充分领略它们的美妙之处。这种福分，不是那些忙忙碌碌的人可以享受到的。

许多有过痛苦经验的人都说，当他们遭到厄运的袭击而又不能够对人倾诉时，他们会不由自主地走到江边去，被轻柔的江风吹拂着，心情就会渐渐地开朗。有一个感情丰富的女孩子说，她常常跑到最热闹的街道上去，她觉得只要置身于不息的人流中，就会忘记自己的寂寞。

●确立人生目标

也许因为人类早在原始社会就过惯了群居生活，所以现代社会才有了"孤独"这样一种世纪病。人害怕自己跟他人不一样，害怕被别人排斥，害怕在不幸的时候孤立无援，害怕自己的思想得不到旁人的理解……总之是一种内心的恐慌，似乎人类的心灵越来越脆弱了。

要想从根本上克服内心的脆弱，最好给自己确立一些目标和培养某种爱好。一个懂得自己活着是为了什么的人，是不会感到寂寞的；同样，一个有所爱、有所追求的人，也是不怕寂寞的。

人际交往的障碍：固执

固执是一种偏执型人格障碍。这类人具有敏感多疑、好嫉妒、自我评价过高、不接受批评、易冲动和诡辩、缺乏幽默感等特点。固执的人常常发生与朋友分手、与恋人告吹、夫妻不和、父子反目等情况，因而可以说，固执是人际交往的大敌。固执可分为感觉性固执、记忆表象固执、情绪固执，这些心理现象可以连成一体，形成一种习惯，当别人破坏这种习惯时，就会使个体产生不愉快、不舒服，甚至苦恼的情绪，从而引发攻击性行为，表现出强烈的固执。

自尊心过强是导致固执形成的基础。自尊作为人的一种精神需要，是可以理解的。但有些人没有睿智的思想，熟练的技能，幽默和风趣的谈吐，精辟的论证，高尚的品格以及谦虚的态度，因而只能用执拗、顶撞、攻击、无理申辩等方式来满足自己的虚荣心，使固执在这种满足中得到发展。这样，必然会影响与他人的正常交往。

浮夸、傲慢、懒惰、墨守成规是构成固执性格的要素之一。这种人常表现为情绪不稳定，社会适应性较差，对周围环境或人漠不关心，易与人发生摩擦，处不好人际关系。自己的内心苦闷，却又不能耐心地听别人讲话，因而使自己的心理积聚无处排解，最后陷入心理变态的泥潭之中。

个人修养、平时所交往的对象是固执形成和发展程度的重要因素。常与个人修养好，善于应酬周旋、灵活性强或虚心随和的人交往，往往会改变或减弱本人的固执程度；而固执的人与固执的人交往，会促使双方更加固执。

固执是可以说服的。首先，要克服虚荣心。人无完人，这是客观事实，用不着掩饰自己的缺点和错误。不要夸夸其谈、不懂装懂，要把精力引向事业，使虚荣心这种变态"能量"得到转化，达到心理平衡。其次，要提高个人修养，丰富知识，把自己从教条和陈规陋习之中解脱出来。要尊敬和信任他人，培养自己宽容待人的态度。不要过于欣赏自己的成绩，谈论别人的不足，要乐于接受新知识，新事物，不要去计较那些微不足道的事情。其三，要善于克制自己的抵触情绪以及无礼的言语和行为，加强自我调控，学会使用感情转化的心理调适方法。对自己的错误要主动承认，不要顽固地坚持自己的观点。

如何克服羞怯心理

今天，中学生交际能力的培养和提高愈来愈受到重视。但相当大一部分同学在校内外交际中都不同程度地表现出羞怯这种心理障碍。不仅影响现在的交际，甚至会影响到今后寻找理想的职业。因此，克服羞怯心理是十分重要的。

怎样克服羞怯心理呢？下面一些方法可供你选择。

1. 了解自己产生羞怯的原因

了解是战胜自己的前提。中学生产生羞怯的原因是多方面的，有先天的智力、性格、气质等方面的因素所引起的，但主要还是由客观因素造成的，如自幼家教的方式，个人学习生活的经历，与同学交往的程度，受教师教育的影响等等。中学生应剖析自己、了解自己、认识自己，真正找到形成自己羞怯心理障碍的原因，有意识、有针对性地加以克服，持之以恒地坚持，必能收到成效。

2. 鼓起勇气，不怕失败

中学生们应该认识到，羞怯几乎人人皆有，并非你一人独有。只是每个人羞怯的程度不同罢了。当你感到羞怯时应想到羞怯并不等于失败，胜利者比失败者往往多的是一分勇气。因此，我们遇事要采取主动，敢说第一句话，敢迈出第一步。当你迈出第一步后，就会感到羞怯并不可怕，你就会在成功的交往中受到鼓舞。实践证明，当一个人大胆地与人交往时，他所面对的要比想象的简单、容易得多。

3. 相信自己，看到自己的力量

自信是人生中无与伦比的财富，是事业成功的催化剂。中学生在交际中不要总是否定自己，拿别人的长处与自己的短处比，从而产生自卑心理，同时为自己不善讲话、不愿行动寻找理由。相反，要时时肯定自己，保持自信，相信自己的言行会给别人带来启迪和帮助。

4. 学会同各种各样的人打交道

中学生不能只限于同个别要好的同学交往，在狭小的交际圈内活动，而要训练与不同性格、不同气质、不同年龄的人打交道。学会向平时见面交谈不多的人如其他年级的同学、老师和领导问好，在集会或聚会时要善于利用间隙时机与周围的人攀谈，养成良好的交际习惯，逐渐消除羞怯心理。

5. 关键时刻表现自己

关键就是考验，羞怯心理严重的人在关键时刻总是不能把自己的能力充分发挥出来。因此，中学生一定要在关键时刻表现自己。如充当会议或节目主持人，利用这些机会表现自己，勇于鼓励自己去办事，办好事，让那些不了解你甚至瞧不起你的人刮目相看。

6. 刻苦练习讲话技巧

羞怯主要发生在与人交谈时、大庭广众下和热闹非凡的聚会中，一个人独自讲话或在父母面前讲话时，不存在这种心理负担。因此，中学生在各种场合的发言，都应事前有所准备，甚至是自言自语地进行不懈的反复练习，这样就能做到临场不惧，应付自如。要毛遂自荐地担任演讲会、故事会、主题班会、庆贺会、生活会等活动的发言人，有目的地锻炼自己的口头表达能力和表演才能，即使前几次失败了，也要把它当成今后成功的垫脚石。这样，渐渐地克服羞怯感，过渡到大方自如地与同龄人、长者或上级交谈。

7. 让自己经常处于松弛状态

松弛对羞怯者说来是与他人相处时克服羞怯的关键。中学生与老师、领导、不熟悉的同学交往时，容易产生羞怯心理，所以，当你与人交往处于羞怯或紧张的气氛中时，应尽量用玩笑或幽默来自我解脱，当你脸红时应尽量忘却它，不要担心别人是否在意，相信很多人都会出现这种现象，而且很快会消失；当你受到老师或领导的批评指责时不要过分害怕，有则改之无则加勉，应理解人人都有失误的时候。总之，中学生遇事要善于把紧张情绪放松，这也是克服羞怯的有效办法。

8. 善于运用面部表情的作用

人际交往的仪容、仪表、仪态，最具魅力的是微笑。微笑是友善的表示，自信的象征。当你第一次进入陌生的社交场合时，总不免感到羞怯，这时只有微笑才能使你摆脱窘境，从容自如地与人进行交往。所以中学生要善于运用微笑，依靠微笑缩短你与他人之间的感情距离，有时很多不愉快的事情都会在你的微笑中结束。因此，我们要避免愁眉不展，它会给人一种不友善的感觉。

微笑是通过眼神表露的。当你与他人交谈时；眼睛要尽量看着对方，表示你对对方的礼貌和注意，使对方对你产生信赖感，加速彼此间心灵沟通的进程，同时也减少了你羞怯的感觉。

中学生朋友们，克服交际中的羞怯有一定的方法，但无固定不变的方法，你们要在自己交际实践中不断积累，善于总结成功经验和方法。

爱发脾气伤人伤己

火气大，爱发脾气，实际上是一种敌意和愤怒的心态。当人们的主观愿望与客观现实相悖时就会产生这种消极的情绪反应。心理学研究表明，脾气暴躁，经常发火，不仅有可能诱发心脏病，而且会增加患其他病的可能性。因此为了确保自己的身心健康，必须学会控制自己，克服爱发脾气的毛病。

●意识控制

当忿忿不已的情绪即将爆发时，要用意识控制自己，提醒自己应当保持理性，还可进行自我暗示："别发火，发火会伤身体"，有涵养的人一般能做到控制。

●承认自我

勇于承认自己爱发脾气，以求得他人帮助。如果周围人经常提醒、监督你，那么你的目标一定会达到。

●反应得体

当遇不平之事时，任何正常人都会怒火中烧，但是无论遇到什么事，都应该心平气和，冷静地、不抱成见地让对方明白他的言行之所指，而不应该迅速地作出不恰当的回击，从而剥夺对方承认错误的机会。

●推己及人

凡事要将心比心，就事论事，如果任何事情，你都能站在对方的角度来看问题，那么，很多时候，你会觉得没有理由迁怒于他人，自己的气自然也就消失了。

● 宽容大度

对人不斤斤计较，不要打击报复，当你学会宽容时，爱发脾气的毛病也就自行消失了。

● 现在开始

现实生活中，一些人常常说："我过去经常发火，自从得了心脏病我才认识到，任何事情都不值得大动肝火。"请不要等到患上心脏病才想到不发火，要想克服经常发脾气的毛病，请从今天开始吧。

坦率承认自己的弱点

大多数人都有在沟通中掩饰其本身弱点的习惯，其实这并不是为对方所喜欢。特别是在作自我推荐时，对方接见你就是想了解你的真相，所以你说的话一定要让他深信不疑。俗话说：金无足赤，人无完人。

在向对方推荐自己时，把自己说得过于完美，反而会引起对方的不信任。倒不如坦率地承认自己的弱点，让对方更加全面地了解自己，这样他会觉得你更加真诚可信。一位大学刚刚毕业的学生在向用人单位负责人介绍自己的情况时首先就说："由于我平时喜欢打球，所以我的成绩并不怎么好……"结果，有些成绩比他好的学生未被录用，而他却被录用了。当然他可能因具有其他一些长处而使用人单位感兴趣，但是他自我推销的技巧却是可以让人借鉴的。

有的学生在介绍自己的成绩时总是强调自己的成绩"非常优秀"，至少要说是"全部及格"，因为有一门功课不及格就不能毕业，面对自己的不足却讳莫如深。而他却能坦率地承认自己的成绩"并不太好"，这就给对方留下了真诚、可信的印象；而说自己"平时喜欢打球"，实际上向对方暗示他是一名体育爱好者，因而身体素质不会差，这正是用人单位所关心的问题。总之，他的这种自荐技巧为他的成功奠定了良好的基础。

克服猜疑心理

生活中我们常会碰到一些猜疑心很重的人，他们整天疑心重重、无中生有，认为人人都不可信、不可交。如有的人见到几个同学背着他讲话，就会怀疑是在讲他的坏话；老师有时对他态度冷淡一些，又会觉得老师对自己有了看法等等。他们总觉得别人在背后说自己坏话，或给自己使坏。喜欢猜疑的特别注意留心外界和别人对自己的态度，别人脱口而出的一句话很可能琢磨半天，努力发现其中的"潜台词"，这样便不能轻松自然地与人交往，久而久之不仅自己心情不好，也影响到人际关系。这种人心有疑惑，不愿公开，也少交心，整天闷闷不乐、郁郁寡欢。由于自我封闭，阻隔了外界信息的输入和人间真情的流露，便由怀疑别人发展到怀疑自己、怀疑自己的能力，失去信心，变得自卑、怯懦、消极、被动。

造成猜疑的原因有以下几种：

● 作茧自缚的封闭思路

猜疑一般总是从某一假想目标开始，最后又回到假想目标，就像一个圆圈一样，越画越粗，越画越圆。最典型的例子就是"疑人盗斧"的寓言了：一个人丢失了斧头，怀疑是邻居的儿子偷的。从这个假想目标出发，他观察邻居儿子的言谈举止、神色仪态，无一不是偷斧的样子，思索的结果进一步巩固和强化了原先的假想目标，他断定贼非邻居儿子莫属了。可是，不久在山谷里找到了斧头，再看那个邻居儿子，竟然一点也不像偷斧者。现实生活中猜疑心理的产生和发展，几乎都同这种封闭性思路主宰了正常思维密切相关。

● 对环境、对他人、对自己缺乏信任

古人说："长相知，不相疑。"反之，不相知，必定长相疑。不过，"他信"的缺乏，往往又同"自信"的不足相联系。疑神疑鬼的人，看似疑别人，实际上也是对自己有怀疑，至少是信心不足。有些人在某些方面自认为不如别人，因而总以为别人在议论自己，看不起自己，算计自己。一个人自信越足，越容易信任别人，越不易产生猜疑心理。

●对交往挫折的自我防卫

有些人以前由于轻信别人，在交往中受过骗，蒙受了巨大的精神损失和感情挫折，结果万念俱灰，不再相信任何人。

猜疑的人通常过于敏感。敏感并不一定是缺点，对事物敏感的人往往很有灵气，有创造力，但如果过于敏感，特别是与人交往时过于敏感，就需要想办法加以控制了。具体可采用以下几种方法：

用理智力量克制冲动情绪的发生。当发现自己开始怀疑别人时，应当立即寻找产生怀疑的原因，在没有形成思维之前，引进正反两个方面的信息。如"疑人盗斧"中的那个农夫，如果失斧后冷静想一想，斧头会不会是自己砍柴时忘了带回家，或者挑柴时掉在路上，那么，这个险些影响他同邻人关系的猜疑，或许根本就不会产生。现实生活中许多猜疑，戳穿了是很可笑的，但在戳穿之前，由于猜疑者的头脑被封闭性思路所主宰，却会觉得他的猜疑顺理成章。此时，冷静思考显然是十分必要的。

培养自信心。每个人都应当看到自己的长处，培养起自信心，相信自己会与周围处理好人际关系，会给别人留下良好的印象。这样，当我们充满信心地进行工作和生活时，就不用担心自己的行为，也不会随便怀疑别人是否会挑剔、为难自己了。

学会自我安慰。一个人在生活中，遭到别人的非议和流言，与他人产生误会，没有什么值得大惊小怪的。在一些生活细节上不必斤斤计较，可以糊涂些，这样就可以避免自己烦恼。如果觉得别人怀疑自己，应当安慰自己不必为别人的闲言碎语所纠缠，不要在意别人的议论，这样不仅解脱了自己，而且还取得了一次小小的精神胜利，产生的怀疑自然就烟消云散了。

及时沟通，解除疑惑。世界上不被误会的人是没有的，关键是我们要有消除误会的能力与办法，如果误会得不到尽快的解除，就会发展为猜疑；猜疑不能及时解除，就可能导致不幸。所以如果可能的话，最好同你"怀疑"的对象开诚布公地谈一谈，以便弄清真相，解除误会。猜疑者生疑之后，冷静地思索是很重要的，但冷静思索后如果疑惑依然存在，那就该通过适当方式，同被疑者进行推心置腹的沟通。若是误会，可以及时消除；若是看法不同，通过谈心，了解对方的想法，也很有好处；若真的证实了猜疑并非无端，那么，心平气和地讨论，也有可能使事情解决在冲突之前。

嫉妒是影响交往的大障碍

嫉妒，从某种意义上来说，是人类的一种普遍的情绪。现代社会是一个崇尚成功的社会，然而在激烈的竞争当中，有人成功，就必然有人失败。失败之后所产生的由羞愧、愤怒和怨恨等组成的复杂情感就是嫉妒。嫉妒有两方面的意义：

一方面，嫉妒具有积极的意义。莎士比亚把嫉妒比作爱情的卫道士。确实，你的恋人如果反对你同别的异性接触和交往，正是反映了他（她）对你的爱的程度。反之，如果他（她）从不"吃醋"，那么你们之间的爱情恐怕还处在很低的水平，或者已经到了危险的地步。因此，嫉妒在爱情里面还是有一定的积极意义的。如果嫉妒能够转化成为前进的动力，则是积极的。

另一方面，嫉妒在更多的时候表现为消极的意义。嫉妒常常会导致中伤别人、怨恨别人的诋毁别人等消极的行为。嫉妒往往是和心胸狭隘、缺乏修养联系在一起的。心胸狭隘的人会因一些微不足道的小事而产生嫉妒心理，别人任何比他强的方面都成了他嫉妒的缘起。缺乏修养的人会将嫉妒心理转化成消极的嫉妒行为，严重地破坏人际关系。

尽管嫉妒有它积极的一面，但消极的一面还是最主要的，因此有必要对其进行克服。克服嫉妒可以从以下几方面入手：

转移注意力。

给自己一个不嫉妒的理由。

看到自己的长处。

化嫉妒为动力。

当我们有很多事情要做时，我们就无暇去嫉妒别人。因此，积极参与各种有益的活动，努力学习，勤奋工作，使自己真正充实起来，那么，嫉妒的毒素就不会滋生、蔓延。

为了缓解自己的失败带来的心理上的不平衡感，可以找一些理由，使自己不再嫉妒别人。可以说"我的运气不太好而已"，"这样的成功没有什么价值"，以此排解心中不满，避免产生嫉妒。这种方法只是权宜之计，不能过分使用，否则可能又会产生其他消极的心理障碍。

一个人在嫉妒别人时，总是注意到别人的优点，却不能注意自己比别人强的地方。其实任何人都有不如别人的地方，当别人在某些方面超过我们时，我们可以有意识地想一想自己比对方强的地方，这样就会使自己失衡的心理天平重新恢复到平衡的状态。

总之，对别人产生了嫉妒并不可怕，关键要看你能不能正视嫉妒。如果能把嫉妒转化为成功的动力，化消极为积极，往往会使你赶上甚至超过别人。这一切都取决于你自己。

如何摆脱自卑

目前对学生的自卑感教育已成为学校教育的重要内容，并引起了社会的关注。

● 自卑形成的因素

通常，自卑感强的人往往是有过某一特别严酷的经历，有过心理创伤。如有个学生，在整个小学期间的成绩都很差，但四年级前完全无忧无虑，然而后来发生的一件事，却使他难以忘怀。那天他与同学正兴致勃勃地踢足球，此时有位成绩优秀的同班同学故意捣蛋，他对此提出抗议，并据理驳倒了对方。可对方竟大吵大骂起来。这时有位任课老师正经过此地，将他们劝解开了，但老师一味训他，反倒安慰那个同学，并冲着他说："不好好读书，只知道玩！"过去，他不怎么介意学习成绩不好的问题，这时他意识到问题的严重性，并由此产生自卑感。但是，同样的心理创伤，并非所有的人都会产生自卑感，因为心理创伤并不是完全起因于外部的刺激，而还有其主观原因——性格。自卑感较强的人一般具有以下几种性格特征：小心、内向、孤独和偏见，完美主义。更需指出的是，现代社会是个充满竞争的社会，"出人头地"的风气越来越盛行，这也是造成某些人自卑感的重要原因，自卑感往往就在类似入学考试、录用面试、体育比赛等比试优劣的场合产生。

● 自卑的弊端

自卑的人，总哀叹事事不如意，老拿自己的弱点比别人的强处，越比越气馁，甚至比到自己无立足之地。有的人在旁人面前就脸红耳赤，说不出话；有的人遇上重要的会面就口吃结巴；有的人认为大家都欺负自己因而厌恶他人。因此，若对自卑感处置不妥，无法解脱，将会使人消沉，甚至走上邪路，坠入犯罪的深渊，或走上自杀的道路。不良少年为了逃避自卑感会加入不良集团。与此同时，长期被自卑感笼罩的人，不仅自己的心理活动会失去平衡，而且生理上也会引起变化，最敏感的是心血管系统和消化系统，将会受到损害。生理上的变化反过来又影响心理变化，加重人的自卑心理。

● 如何摆脱自卑

要增强信心。对过去的成绩要做分析。自我评价不宜过高，要认识自己的缺点和弱点。当在现实中陷入困境后，不要从一个极端跳到另一个极端。切不可为了面子羞于求教，而要向老师、同学虚心学习。因为只有自己相信自己，乐观向上，对前途充满信心，并积极进取，才是消除自卑、促进成功的最有效的补偿方法。

正确认识自己。俗话说："尺有所短，寸有所长。""金无足赤，人无完人。"每个人都有长处与短处，因此，正确的比较应该全面。既比上，又比下；既比优点，也比缺点。跟下比，看到自身的价值；跟上比，鞭策自己求进步。这样，就会得出"比上不足，比下有余"的结论。世上任何人都逃脱不了这个公式，明白了这一点，心理也就取得了平衡点。其实，最重要的比较，是自己跟自己比。走自己的路，奋发努力，不断进步，放出自己的光和热，这就是光荣的、有意义的人生。

选择更适合自己的途径发挥自己的长处，自卑的心理也就没有立足之地了。

如何克服孤僻心理

孤僻的人一般为内向型的性格，主要表现在不愿与他人接触，待人冷漠。对周围的人常有厌烦、鄙视或戒备的心理。具有这种个性缺陷的人猜疑心较强，容易神经过敏，办事喜欢独来独往，但也免不了为孤独、寂寞和空虚所困扰。因此，孤僻对中学生的身心健康十分有害。孤僻的人缺乏同学、朋友之间的欢乐与友谊，交往需要得不到满足，内心很苦闷、压抑、沮丧，感受不到人世间的温暖，看不到生活的美好，容易消沉、颓废、不合群，缺乏群体的支持，整天提心吊胆地过日子，忧心忡忡，易出现恐惧心理。这种消极情绪长期困扰，也会损伤身体。

●孤僻的成因

幼年的创伤经验

研究表明，父母离婚是威胁当代儿童精神健康的重要因素之一。此外，父母的粗暴对待，伙伴欺负、嘲讽等不良刺激，使儿童过早地接受了烦恼、忧虑、焦虑不安的不良体验，会使他们产生消极的心境甚至诱发心理疾病。缺乏母爱或过于严厉、粗暴的教育方式，子女得不到家庭的温暖，会变得畏畏缩缩、自卑冷漠、过分敏感、不相信任何人，最终形成孤僻的性格。

交往中的挫折

由于缺乏必要的社会交际技能力和方法，使得他们在人际交往中遭到拒绝或打击，如耻笑、埋怨、训斥，使他们的自主性受到伤害，便把自己封闭起来。越不与人接触，社会交往能力就越得不到锻炼，结果就越孤僻。

心灵受过严重伤害

害怕别人，缺乏安全感，是孤僻的人保持孤僻的重要原因。因为从小心灵受过伤害，如父母的粗暴对待，伙伴的欺负、嘲笑等。不良刺激使人变得难为情，变得过分敏感，不信任别人。

社会活动能力低

由于缺乏必要的社会交际技能和方法，他们在主动探索与人交往时曾经碰过壁，如耻笑、埋怨、训斥。多次否定性的体验，使他们的自主性受到伤害，便把自己封闭起来。结果越不与人接触，社会交往能力就越得不到锻炼，就越孤僻。

父母拒绝式的教养态度

有的父母对孩子的朋友要求过高，公开表示或者暗示孩子的朋友不好，使孩子自此失去朋友，只能在自己的小天地里寻求满足。同时，父母又专制地对待孩子，使孩子从小就不信任别人。

气质性障碍

有些孤僻者可能隐藏着神经系统或内分泌系统疾病，需要到医院诊治。

● 克服孤僻的方法

正确评价和认识自己和他人。一方面要正确认识孤僻的危害，敞开闭锁的心扉，追求人生的乐趣，摆脱孤僻的缠绕；另一方面正确地认识别人和自己，努力寻找自己的长处。孤僻者一般都没能正确地认识自己。有的自恃比别人强，总想着自己的优点、长处，只看到别人的缺点、短处，自命不凡，认为不值得和别人交往；有的倾向于自卑，总认为自己不如人，交往中怕被别人讥讽、嘲笑、拒绝，从而把自己紧紧地包裹起来，保护着脆弱的自尊心。这两种人都需要正确地认识别人和自己，多与别人交流思想，沟通感情，享受朋友间的友谊与温暖。

学习交往技巧，优化性格。可看一些有关交往的书，学习交往技巧。同时多参加正当、良好的交往活动，在活动中逐步培养自己开朗的性格。要敢于与别人交往，虚心听取别人的意见，同时要有与任何人成为朋友的愿望。这样，在每一次交往中都会有所收获，丰富知识经验，纠正认识上的偏差，获得了友谊，愉悦了身心，便会重树你在大家心目中的形象，长此以往，就会喜欢交往，喜欢结群，变得随和了。可以从先结交一个性格开朗、志趣高雅的朋友开始，处处跟着他学，并请他多多帮助。

主动热情地邀请他参与集体活动。孤僻的人愿意游离于集体之外，教师可以安排班级有威信的同学主动热情地邀请他多参与集体活动，经常用赞美的口吻评价他的成功。

如何控制愤怒

愤怒是一种极度的不满情绪。当一个人受到戏弄、打击、污辱时，就会怒火中烧。发怒，人人都会，但暴躁易怒，则是不良的性格和气质特征。暴躁易怒的人，动辄发火、伤身、害人、损物。

● 愤怒有损身心健康

愤怒会使人的神经系统出现紊乱，从而导致思想不集中，甚至失去理智的思维，有格言说："怒气有如重物，将破碎于它所坠落之处。"发怒容易诱发胃溃疡、高血压、冠心病、肝病、脑溢血、神经衰弱等症状，盛怒之下还会昏倒，甚至猝死。

● 愤怒有损于自己的尊严

经常发怒的人，必然缺乏自尊。因为他们把每一种不同意见，都看作是刁难以及对个人的挑战。从某种角度讲，发怒是因为我们不知道怎样表达自己的意见。一般说来，脾气暴躁，沾火就着，是缺乏理智、缺乏涵养、缺乏自尊的表现。所以，有格言说："不能怒的是愚人，而不发怒的才是聪明的人。"

● 愤怒有损人际关系

如果你发怒，对人家说一两句不中听的话，你可能会有一种发泄的痛快感。但对方呢？他会分享你的痛快吗？你那敌视的态度，你那火药味的口气，能够使对方更容易赞同你的观点吗？因此，发怒只能引起别人对你的反感与敌视，并且常常会地造成人与人之间的感情隔阂、情绪对方和关系紧张。

● 愤怒会使人犯错误，甚至触犯刑法

暴怒常常使人丧失理智，言行不计后果。暴怒时会与人拼命打架、毁坏财物。

怎样克制愤怒呢？

1.加强个性修养，以平和的心态去待人、处世。应该认识到，人生不如意事十有八九，在人生的道路上常常会遇到挫折、不幸，要以宽广的心胸去待人处世，在日常生活中，要逐步养成宽怀大度的品质。

2.转发怒为发奋。把发怒转化成为前进的动力。

3.此外，还可采用下列方法：如远离刺激源；转移注意力，使自己从愤怒的情绪中解脱出来；有意识地控制不愉快的意念，用意志驾驭感情；找个知心的人倾诉；理智地让步等等。

如何克服狭隘心理

●狭隘心理的主要表现

青少年的狭隘心理，在思想上表现为：遇到一点委屈或很小的得失便斤斤计较，甚至耿耿于怀。有的学生听到老师或家长一两句批评的话就接受不了，甚至痛哭流涕。有的对学习、生活中一点小小的失误就认为是莫大的失败、挫折，长时间寝食不安。这些情况在女生中比较多见。在行为上表现为：人际交往面窄，追求少数朋友间的"哥们义气"，只同与自己一致或不超过自己的人交往，容不下那些与自己意见有分歧或比自己强的人。这些情况在男生中表现突出。

●狭隘心理形成的原因

首先是家庭因素。狭隘的产生同家庭中不良因素的影响有很大关系。父母狭隘的心胸，为人处世的方法，不良的生活习惯等对子女有潜移默化的影响。有些子女狭隘的性格完全是父母性格的翻版。另外，优越的生活环境、溺爱的教育方法往往易形成子女任性、骄傲、利己主义等品质，自然受点委屈便耿耿于怀，对"异己"分子不肯容纳与接受。

其次是认识水平。中学生阅历浅、经验少，遇到问题后，容易把事情想得过于困难、复杂，加之对自己的能力估计不足，对事情感到无能为力，因此，容易紧张、焦虑，放心不下。

●如何克服狭隘心理

要克服狭隘心理，首先要加强人生观的教育。一个人活在世上，就要充分地挖掘生命的潜能，为社会做贡献，给别人，给后人留下点有价值的东西。一旦把眼光放在大事上，自己一时的得与失则算不上什么，对整体、全局有利的人与事就都能容纳与接受，使眼光从狭隘的个人圈子里放出去。抛开"自我中心"，就不会遇事斤斤计较，"心底无私"才能"天地宽"。

其次，培养集体主义精神和高尚的情感，进行正当的人际交往。与人相处应热情、直率，善于团结互助，融"小我"于"大我"之中。交往的增多，可加深彼此了解与沟通，更透彻地了解别人与自己，开阔心胸。

再次，丰富课余文化生活，组织多种多样的文娱、体育活动，拓宽兴趣范围，使自己时刻感受到生活、学习中的新鲜刺激，感受到生活的美好，陶冶性情，从而在健康向上的氛围中增强精神寄托，消除心理压力。

第三部分　爸爸妈妈我爱你们

一棵苹果树的故事

很久很久以前，有一棵大大的苹果树。一个小男孩每天都喜欢来这儿玩。他有时候爬到苹果树上吃苹果，有时躲在树阴下打个盹儿……他爱那棵树，那棵树也爱跟他玩。

时光流逝，小男孩渐渐长大，不再来树下玩了。

一天，男孩回到树旁，一脸忧伤。树说："和我一起玩吧！"

男孩回答："我已经不是小孩子了，我不再爬树了。我想要玩具，我想有钱来买玩具。"

树说："抱歉，我没有钱……但是你可以摘下我的苹果拿去卖，这样你就有钱了。"

男孩手舞足蹈，把苹果摘了个精光，开心地离去了。

男孩摘了苹果离开后，就好久没有回来，树很难过。

一天，男孩回来了，树喜出望外。树说："和我一起玩吧！"

"我没有时间玩。我要做工养家，我们要盖房子来住，你能帮我吗？"

"抱歉，我没有房子，但是你可以砍下我的树枝来盖房子。"

男孩把树枝砍了个精光，开心地离去了。

树心满意足地看着男孩子的背影，然而，从那以后，男孩又好久没有回来。树再次寂寞和难过。

一个盛夏，男孩子回来了，树雀跃万分。树说："和我一起玩吧！"
"我很伤心，我越来越老了，我想去划船，让自己悠闲一下，你能给我一条船吗？"

"用我的树干去造一条船吧。你可以开开心心地想划多远就多远。"

男孩锯下树干，造了一条船。

他划船而去，很久没有再露面。

终于，多年以后，男孩子又回来了。树说："抱歉，我的孩子，可惜我现在什么也没法给你了。没有苹果给你吃……"

男孩回答道："我也没有牙去咬了。"

"没有树枝给你爬……"

"我老得再也爬不动了。"

"我实在什么都给不了你了……唯一留下的就是我的枯老的根了。"树流着泪说。

"我实在再也没有什么需要了，只是有个地方歇一下就好了。经过了这些年，我太累了。"男孩回答道。

"好吧，老树根是歇脚的最好地方了。来吧，坐在我身上歇歇吧。"

男孩坐了下来，树开心得热泪盈眶……

这是我们发生在每个人的故事。那棵树就是我们的父母。

当我们年幼时，我们喜欢跟妈妈和爸爸玩……当我们长大后，我们离开他们……只有当我们有求于他们或遇到麻烦的时候，我们才回家。尽管如此，父母总是一如既往，有求必应，为了我们的幸福，无私地奉献自己的一切，想方设法让你开心。

你可能觉得男孩对树太无情，然而我们谁又不是那般对待我们的父母的呢？

世界上有一种人

和你在一起的时候

总是千万次嘱咐要多穿件衣服

要注意自己的安全

你觉得很烦

却也觉得很温暖

缺钱的时候

他总会说些赚钱不易之类的话来训你

边教训

边塞钱给你

这种人

叫作父母

代沟是什么

代沟（generation gap），是指两代人因价值观念、思维方式、行为方式、道德标准等方面的不同而带来的思想观念、行为习惯的差异。"代际冲突"即由这一差异而导致的两代人在解决问题方式、评价问题标准等方面产生的分歧和矛盾。

进入青春期的青少年因依附性减弱，独立性增强，从而使亲子两代人在对待事物的认识上产生一定的距离。由于态度的不同及意见分歧，因此出现了一条心理上的鸿沟，致使青少年认为父母不了解他们、不关心他们，有事宁可与同学商谈，而不愿与家长说；甚至以不满、顶撞、反抗、违法等方式试图摆脱成人或社会的监护，以自己的方式行事，坚持自己的理想和判断是非的标准。

形成两代人之间代沟的原因有很多，归纳起来，主要分为生理、心理、社会发展、角色差异等原因：

生理上，青少年正处在发育阶段，体力和智力发展迅速，好活动、敢创新，但却耐力不足；成年人的身心已发展到最高峰，对人生、对社会都有了一个全面而成熟的认识，一些态度和观念也已基本定性，缺少变化。两者之间的体力差异、兴趣差异，致使他们在许多事情上都有不同的观点和看法。

心理上，处于青春期的青少年，"自我意识"日益增强，有独立思考的要求，他们易冲动，易受他人影响，渴望独立，渴望得到成人和社会的承认；恰恰相反，成年人心理上已经完全成熟，个性也趋向稳定，对子女寄托的希望在不断升值，他们习惯用自己的生活方式和思维方式去要求子女。

从社会发展的角度来分析，两代人所成长的社会环境不同，适应环境变化的能力也不同。父母年轻时所崇尚的东西，或许正是今天年轻人所摒弃的东西，父母的世界观和人生观也会和孩子的看法、想法相去甚远。因此，双方产生矛盾和冲突是不可避免的。另外，两代人适应环境变化的能力不同，社会观念、社会环境、工作性质、生活方式、人际关系等的变化，对上一代人冲击较大，他们还不能很快适应这个时代的发展，而正处在这个时代的青少年，能很快迎合这个时代，能够迅速而准确地接受新鲜事物，进而纳入到自己的价值体系中，于是两代人之间便因此出现摩擦。

再者，二者之间所扮演的角色不同。作为父母来讲，要求承担一定的社会责任，需要履行抚养、教育孩子的义务。他们对子女有很高的期望值，希望孩子听话、有出息。而少年则处于被教育、被保护的地位，他们的要求很容易被忽视，尤其是父母过分的爱常常被他们看成枷锁。种种原因，都是引起双方发生冲突的导火线。

沟　　通

——与父母相处的有效方式

当中学生进入青春期后，有了自己的思想，希望他人将自己看成大人，特别是渴望父母像对待大人那样对待自己。然而不知怎样与父母沟通，使得这一时期的中学生常常陷入与父母无法交流，陷入代沟的烦恼之中。有时一个小小的家庭问题出现时，由于孩子与家长之间缺少沟通，常常使得问题激化，孩子产生逆反心理，家庭冲突升级。家庭矛盾的不及时解决，不但不利于家庭和睦，同时也不利于中学生的学习和心理健康。作为子女的中学生，不应该和父母"一句起，两句止"，期望父母单方面改变以往的沟通方式也不可取，自己应该主动与父母沟通，那么，如何与父母沟通呢？

所谓沟通，是让彼此明白对方的心意及表达自己想法的一种方法。我们与父母进行沟通，其实是辨明是非，寻求最佳结果的过程。有效沟通要掌握以下基本要领：

了解是前提。了解父母，沟通就有主动权。知道父母怎么想，怎样处世，有什么兴趣爱好，是什么脾气秉性，对我们有什么期望，我们与他们沟通就有了预见性和主动权。

尊重理解是关键。尊重是与父母交往的基本要求。如果连最爱自己、对自己付出最多的人都不尊重，就失去了最起码的道德。与父母正常沟通首先要理解父母，理解其心情，尊重其意愿，还要讲求基本的礼貌，不能任性。

理解父母的有效方法是换位思考。当我们不理解父母、与父母冲突的时候，要学会换位思考，替他们想一想，了解他们是为了什么，有什么想法，有什么道理。这会使我们变得更加冷静和理智。

沟通的结果要求同存异。沟通不要走极端，两代人之间毕竟存在差异，难免有不同的观点、动机和行为方式。正因为有分歧，所以才要沟通。这种沟通，不一定非要统一不可，而要求同存异。找到同，我们就有了共同的语言和行动；保存异，就是保存对父母的尊重和理解。

另外，我们要克服闭锁心理，向父母传递有关自己的信息和情况，表达自己的心情，说出自己的意见，让父母了解自己。我们要保持自己的独立性，但不要忽略与父母的交流与沟通。与父母发生矛盾时，要耐心解释，让父母听得进，以得到他们对自己的理解。解释时说话放低声调，斟酌词句，有商有量。即使父母不对，也要就事论事，不对父母本人，更不能迁怒于父母。

不管怎么说，长辈也是从我们这个年龄走过来的，他们也经历过"疾风骤雨"时期，以他们几十年的人生经历，看问题要成熟得多。我们在慢慢长大，应该学着独立，但独立和成熟有个过程，不是突然的。要经常坐下来，跟爸爸谈谈你在学校的情况，跟妈妈谈谈你遇到的烦恼，这样父母也会诚恳地与你交谈，从中你可以得到很多有益的启示。不要认为跟父母谈心是"没长大"，善于沟通正是你越来越成熟、独立的表现。在交流沟通中，说不定父母也会受到你的影响，接受一些年轻人认可的新生事物，那样，会无意中缩小代沟，增进家庭亲情。父母是爱我们的，只要我们同样以爱的方式对待父母，沟通的障碍就会大大减少。

怎样与父母相处（一）

尽管你与父母之间有着区别于他人的血缘关系，但是，由于你们所处的年龄、性别、经历，以及在家庭中的角色不同，你与父母会有不同的心理需求，对同一事物也会有不同的看法。

比如，你的父母可能常常认为你还是一个不懂事的孩子，缺乏人生经验。作为过来人，他们对你的管教总是有道理的，你应该多听大人的话，少走弯路。然而，你可能却觉得自己已经长大了，应该有更大的自由空间，不必事事听别人的。

其实，你和父母的想法都有一定的道理。如果你们从不考虑对方的想法是否有道理，而只是强调自己是正确的，你与父母之间的关系就永远不会得到改善和深化。

任何一桩令人满意的人际关系都不是从天而降的，而是双方努力的结果。你与父母的关系也不例外。如果你愿意，你可以主动迈出第一步。

要知道，从你的爸爸妈妈成立家庭的第一天起，你的家庭便开始经历它特有的生命周期。正如一个人的一生要经历不同的时期一样，家庭也要经历不同的阶段；在不同的阶段中，每个家庭成员之间的关系都会发生变化。当你进入青春期的时候，你与父母之间的关系从原来的未成人与成人的关系逐渐转变为成人与成人之间的关系，父母之间的关系也会发生不同程度的变化。你和父母都要主动适应这种家庭关系的质的变化。

父母是人而不是神。他们可能和你一样，一时还不能适应家庭关系的这种变化。他们习惯于用过去一切包办的方式与你相处，因此，引来许多烦恼。你可能还不知道，父母是多么需要有一段时间来了解和适应这种变化，并和你一起寻找和睦相处的最佳办法啊！作为他们的孩子，你是不是也有责任与父母配合呢？

父母是人而不是神。正如你在学校可能会遇到使自己不愉快的事情一样，父母也会在家里家外遇到不顺心的事，也会因为疲劳过度心情烦躁。如此说来，要求父母永远说有道理的话，永远做有道理的事，是不是也不太现实呢？

有了这样的基本认识，你可能会对父母有更多一些的体谅、理解和尊重，你所表达的态度更容易被他们接受。

追求独立是一个人走向成熟的表现。可是，父母很可能一下子还不能适应你追求独立的愿望和行动。或许从出生至今，父母一直习惯于当你的保护伞，愿意事事为你包办，他们可能觉得这是对你的关心。

你不妨在家人聊天时问问父母，他们像你这么大的时候，他们有些什么想法和愿望？他们的父母容许他们做什么，不容许他们做什么？他们是如何争取更多的自由的……父母在回忆自己少年往事的时候，一般会很自豪的，在不知不觉中放下家长的架子与你敞开心扉。这时，他们更容易理解你目前的经历和感受，认真考虑你独立的要求，甚至向你作出妥协和让步。

怎样与父母相处(二)

●不要过问父母的事

过问跟关心有什么不同？答案非常简单，关心就是放在心上，过问就是放在嘴上！儿女理当关心父母，但是却不必为父母背十字架，很多年轻人为了父母感情不好而心烦意乱，有的因为父母不务正业或是贪杯好酒而烦恼不已，生在这样的家庭里固然幸福感会降低，但也不要用未来冒险。父母对我们的人生道路会产生一定影响，但最终还得靠我们自己努力。上一代有上一代的困扰，我们最重要的就是把自己管好，千万不要把所有的过错都揽在身上，好像他们不幸福是你害的。青少年千万不要有这样的想法。

●不要跟父母正面冲突

所有的冲突都是为了争取更大的空间。试问，各位跟父母冲突有什么结果呢？零用钱增加了吗？门禁解严了吗？地位提升了吗？每个人都会跟家里有不合之处，聪明的你，请选择用理性、沟通代替激烈冲突，用时间换取谅解，用耐心、体谅代替口角，以诸位血气方刚之龄，冲突难免，但在冲突过后希望能学习冷静以对，凡事三思而后行。永远不要咄咄逼人，态度强硬，因为聪明人是会创造双赢局面的，试试看吧！

●多说甜言蜜语

这个世界上谁都爱听甜言蜜语，从小到大，父母给了你无尽的爱。请记得，只吃丰盛的食物而没有听好听的话是活不下去的，但是可怜的爸妈恐怕很久没听甜言蜜语了，不只是每天工作忙忙碌碌，每天在社会上与各种人打交道，每天都在为生活奔波。请为父母多着想，你是他们最亲的人，你要尽力让他们情绪得到缓解。所以，你应该学习多说甜言蜜语，让父母笑口常开。这样，要争取权益就不困难了。如果你自己每天都是气冲冲的，家里又怎么能安定团结呢？所以，想跟父母相处一定要学会克制怒气，而这一点只要多多用心肯定能够做到。至于甜言蜜语的内容当然包括夸奖妈妈身材好、衣服好看、脾气好、手艺好……爸爸则可以夸他好厉害（随便哪方面他都会很得意）、开车技术好、很强壮、很帅、很会修东西之类等。自己要好好把握，让家里的笑声更多一点。

● 训练柔顺的耳

绝大多数亲子关系的障碍都源自父母的唠叨，这种情况恐怕是不容易改变。既然身为子女，父母辛辛苦苦把我们养大，让他们唠叨几句也算是一种孝顺好了。要知道，将来到社会上等待你的挫折还多着呢，现在听点唠叨，也可以锻炼自己的耐性。大家在家里练练柔顺的耳，对将来也有好处。父母发唠叨，不要太在意，愿意听从别人建议的人才是未来能跟人相处融洽的人。

当然，不是每个父母都能让孩子完全接受，如果超过忍受程度，就找机会出去透透气，不然就打电话给好朋友发发牢骚，或是看看书、听听音乐，千万不要发脾气。

● 培养良好的信誉

在成人世界里，信用是非常重要的，它决定了别人对你的态度。了解这一点以后，各位要努力想想，答应父母的事有没有做到？说好的时间有没有按时回家？提出的保证有没有失信？信用是培养的，是一次又一次的信守诺言换来的，想要别人相信你，就得自己先建立信用！

● 注意父母所重视的

有的父母并不重视成绩，只要你在学校不惹是生非；有的父母只要你成绩退步，就一副天塌下来的样子；有的父母只要你少开口要钱就万事大吉；有的父母只在乎你是否快乐……父母看重的东西不尽相同，你知道你的父母看重什么吗？你了解他们的愿望吗？聪明的孩子不是去顶撞父母，而是注意父母所关心的，所看重的，这样才能保障自己的幸福！

● 学习谈判技巧

成人最重要的就是沟通，没有沟通就没有成功，但青少年的特点却是"大是大非""懒得理你"，这种双方差异当然造成彼此的痛苦，难怪很多青少年心中愤慨："只要我长大，你们给我走着瞧。"其实，问题不在于"长大",而在于争取的技巧,也就是谈判。你跟父母有冲突常常是因为有所要求,这个时候,你就要应用谈判三口诀,千万别来硬的!

口诀一:再试一下。

很多酷酷的青少年懒得再三尝试,殊不知谈判成功最要紧的就是再试一下。

口诀二:鸭子划水。

你看过鸭子用自由式、仰式、蛙式吗?对不起,虽然鸭子看起来不太动,但是游得特别快,这就是放下身段!来软的,好过来硬的。

口诀三:以物易物。

真的不行那就交换条件嘛,想要的得不到就只好辛苦一点用学习成绩、多做家务来交换啦!

如果你把以上的这些都熟记于心,并付诸实施,相信我,与父母相处得肯定融洽又快乐!

孝敬父母

人生在这个世界,长在这个世界,都源于父母。是父母给了我们生命,是父母哺育我们成长。父母的养育之恩,我们终生都应该报答。

有句古语说得好:"百善,孝为先。"意思是说,孝敬父母是我们人类各种美好品德中最为重要和占第一位的品德。它是做儿女的必做的天经地义的事情。我们中华民族几千年来就一直具有这种尊老敬老的优良传统。古代埋儿奉母、弃官寻母的故事,足以让人们唏嘘不已,而当今捐肾救母、退学为母的故事,更是令我们感动万分。不一样的时代,演绎着相同的主题,那就是孝敬父母,回报父母。其实,今天,对我们来说,孝敬父母,回报父母,不必像上面所说的那样,要做一番惊天动地的事情。我们只要在平时多注意从身边小事做起,从一点一滴做起,就完全可以尽到我们对父母的孝敬之心。

我们相信,只要我们对父母真正拥有一颗感恩之心,我们就一定能做得更好。虽然我们为父母做的事情很小,但父母一定能感受到我们对他们在生活中一点一滴的爱与感恩,一定会被我们的感恩行为所感动。

父母为我们操碎了心,也付出了很多。他们累了,需要一把椅子坐坐;他们渴了,需要一杯清茶解渴;他们的心疲倦了,需要一颗真诚的感恩之心去安慰。我们再也不要觉得，父母为我们所做的一切都是理所应该的；我们更不要对父母的艰辛付出和无限关爱视而不见，无动于衷，甚至怨气冲天。因为我懂得了父母的需要，所以我现在要行动起来，动一动手，搬一把椅子给父母歇歇，倒一杯水给父母痛饮；动一动口，说一句真诚温暖的话语给父母听听，解除他们的疲劳，驱散他们的心病。孝敬父母原来就这么简单。如此容易做到的事情，就一定能让我的爸爸妈妈欣慰，高兴和快乐。我又何乐而不为呢？

亲情是一个人善心、爱心和良心的综合表现；孝敬父母，尊敬长辈，是做人的本分，是天经地义的美德，也是各种品德形成的前提，因而历来受到人们的称赞。试想，一个人如果连孝敬父母，报答养育之恩都做不到，谁还相信他是个人呢？又有谁愿意和他打交道呢？因此，我们应该用我们的优异成绩，我们的健康成长和我们给父母的"八心"来孝敬父母，回报父母。

我们要给父母"八心"：

第一，经常问候，给父母舒心；

第二，少说多做，给父母省心；

第三，诚实守信，给父母放心；

第四，勤奋上进，给父母开心；

第五，虚心好学，给父母称心；

第六，宽容豁达，给父母顺心；

第七，诚实坦荡，给父母真心；

第八，持之以恒，给父母安心。

只要我们做到这些，到那时候，我们的父母将会绽开笑脸，生活定会更加灿烂！

感恩是有意义的。爱让这个世界不停旋转。父母的付出远远比山高、比海深，而作为我们，只知饭来张口，衣来伸手。而似乎又有一条隔离带，让我们变得自私自利，忘记了曾经父母的付出，忘记了那一声声快乐，学会去感激别人是自己的一份良心，一份孝心，因为如此才会有和睦，有快乐，有彼此间的敬重。怀着一颗感恩的心，去看待社会，看待父母，看待亲朋，你将会发现自己是多么快乐，放开你的胸怀，让霏霏细雨洗刷你心灵的污染。学会感恩，因为这会使世界更美好，使生活更加充实。

学会"三变"

课业任务繁重，竞争激烈，父母的期望值过高，使得学生的精神压力越来越大。学习压力大会导致失眠、记忆力下降、头晕等多种症状，严重的还会厌学。中学生有一定的心理压力是正常的，但是如果长久地承受巨大的心理压力，就容易产生心理疾病，影响人的心理健康，因此应采取积极的态度，有效的方法，努力缓解压力，保持心态的平衡。中学生压力增大，与父母间的矛盾也日益激化，如何处理好关系对中学生很重要，中学生要学会"三变"。

学会理解父母，变对立为合力。每个父母都希望孩子长大有出息。他们往往以自己的社会阅历和生活经验告诫孩子，要把握机会考入重点高中，赢在"起跑线"上。平时，父母对孩子学习上的叮咛、考试分数的唠叨，实际上是爱的一种表达方式。作为子女，不要过多计较父母的语言、态度，而应更多地体会父母的用心，通过实际行动，让父母放心。

学会与父母沟通，变压力为动力。父母对孩子的期望，可能有时很理想化，但父母的积极性只是外动力，内动力没跟上，只能成为一种压力。所以内外动力的协调，最好由考生自己来完成。当考生觉得父母的期望过高时，应主动与父母沟通，把自己的感受告诉父母，让父母了解你的真实想法和实际能力。

学会调整期望值，变潜力为实力。只有合理、合适的目标才会激发人去努力。考生要与父母坐下来，认真分析自身实力，了解期望考入学校的实际要求。如去年的招生名额、入学的分数等，看有无录取的可能；同时也需要考虑一些可变因素，如学校今年是否扩招、个人方面是否有可挖掘的潜力、考试中的身体状况、考场发挥等。最后，确定奋斗目标，把努力的限度保持在自信而不自满的程度。

避免逆反心理

逆反心理是指人们彼此之间为了维护自尊，而对对方的要求采取相反的态度和言行的一种心理状态。青少年到十二三岁的时候，往往产生与父母一种相抵触的情绪。心里有什么话也不愿向父母说，对于父母的批评和劝导不像以前那样听话，甚至产生抵触、不顺从的情绪。人们把这种现象称为逆反心理。

●逆反心理的表现及其危害

逆反心理的表现是多种多样的。比如，对教育者有明显的"反控制""对抗"心理，即你要求我这样，我偏不这样。而这种情形，最容易引起老师、父母的恼火。而老师、父母越是恼火，对于他（她）越发训斥，这样就使他更加反感，直接影响到与父母和老师之间的正常关系，以至于中学生逃学、离家出走，甚至走上犯罪的道路。逆反心理会导致青少年对人对事多疑、偏执、冷漠、不合群等病态性格，使之信念动摇、理想泯灭、意志衰退、工作消极、学习被动、生活萎靡等，进一步发展还可能向犯罪心理和病态心理转化。

●逆反心理产生的原因

逆反心理产生的原因，主要有以下几个方面：

一是青少年正处于过渡期，其独立意识和自我意识日益增强，希望能摆脱成人的监护和束缚。他们反对成人把自己当成小孩，平时以成人自居，为了表现自己的非凡，就对任何事情倾向于批判态度。当他们感到或担心外界无视自己的独立存在、自我表现欲望受到妨碍时，他们就会产生逆反心理，运用各种方法和手段来确立自我与外界对立的情感。

二是社会因素，如老师、父母的教育方法不当等。

●逆反心理的预防和消除办法

理解。学着从积极的意义上去理解大人，父母的啰嗦、老师的批评都是善意的，老师、父母也是人，也有正常人的喜怒哀乐，也会犯错误，也会误解人。我们只要抱着宽容的态度去理解他们，也就不会逆反了。当父母、老师说话不在理时，采取有则改之、无则加勉的态度。

把握自我。经常提醒自己，老师、家长是成熟的个体，他们干预我们，是出于对我们的关心与爱护，只是方法上让我们感到有些不能接受。因此，要虚心接受老师、父母的教育，遇事要尽力克制自己，要知道，退一步海阔天空。另外，还要主动与他们接触，向他们请教，这样多了一分沟通，也就多了一分理解。

学会适应。青少年要提高心理上的适应能力，如多参加课外活动，在活动中发展兴趣，展现自我价值，这样，逆反心理也就克服了。

父母不接受我的观点怎么办

当我们与父母对某一事物的观点不一致，而父母又不肯改变自己意见的时候，在多数情况下，我们的第一个反应就是生气；或者与父母唇枪舌剑，据理力争；或者拂袖而去，不理不睬。我们很少能平心静气地想一想，父母为什么有不同意见，甚至不知道父母的本意是什么。

一般说来，一个人年纪越大，人生经验越多，对问题的考虑就越周到。当然，与此同时，也容易形成僵化保守的看法，甚至产生偏见。而年轻人的经历相对较少，思想上还没有形成那么多的条条框框，容易接受新事物、新观点，考虑问题也比较灵活。但是，年轻人又由于生活阅历不够，考虑问题时，容易失之片面、肤浅。如果你与父母都能认识到两代人各自的优势与劣势，并努力理解对方意见中的合理成分，你和父母不但能够"化干戈为玉帛"，而且还会从对方那里得到一些有益的借鉴。

一个人看问题的角度往往与他过去的经历和现在的状况有关。因此，了解父母的个人经历，你才会理解父母。你可以心平气和地想一想，父母的看法究竟是什么？他们为什么会有这样的看法？如果你认为自己的观点很有道理，那么，也同样看一看父母的意见是否也有一定的道理。如果回答是肯定的，那么，你最好首先肯定父母观点中有道理的地方，然后再申诉自己的意见。即使你认为父母的观点完全不对，也不应用挖苦和顶撞的语气对待父母，甚至向他们怒吼，以免伤害父母。缺乏尊重的态度不仅会使父母拒绝改变固执之见，而且还会在你与父母的心中埋下彼此疏远甚至对立的隐患。当父母与你观点不一致时，最好的办法是控制自己冲动的情绪，等冷静下来，再谈问题。如果你实在不能控制自己，最好找个借口离开现场，先把这个话题放到一边，等大家都心平气和时再谈。

如果你与父母中的一方关系较为融洽，可以先和他（她）讨论这个问题，说服了他（她）之后，再请他（她）去说服另一方，其效果比你硬顶好得多。

另外，你还可以适时邀请一两个好朋友到家里来讨论这个问题，让你的好友发表他们的意见，届时也请你的父母参加讨论。如果父母知道你与同龄的孩子都有类似的想法和意见，就容易理解并接受你的意见。因为父母与你的朋友没有习以为常的那种家长作风，可能比较客观地听取"外人"的意见。

最后，你还要牢记，和你一样，父母有坚持自己意见的权利，也有权表达不愉快的情绪。作为子女，你应该尊重他们这种权利，这样他们才会尊重你的权利。在与父母商讨的过程中要切记：相互让步是必需的，而且，子女应多作让步。

中学生与父母的矛盾

青春是快乐的，也充满了烦恼和压力。调查表明，我国有情绪障碍的青少年达 3 000 万人。而只因小小的挫折而选择轻生者也时有耳闻。心理咨询和疏导正越来越受到学校和家长的重视。

调查统计表明，中学生与家庭的矛盾高于师生矛盾：61%的中学生认为自己与父母存在矛盾；82%的中学生认为家中有一个人最啰嗦；认为自己在家得不到尊重、父母经常不与自己交流的中学生有15.2%，远高于学生认为与教师有矛盾的1.7%。有的学生临近中高考，学习压力很大，可家长还在强迫他学习，每天都询问他的考试和作业完成情况，使这些学生的思想压力日渐增大。

家长与孩子的沟通，"态度决定一切"。只要是家长和学生双方的态度好，沟通所有的矛盾都是可以解决的。父母要学会尊重孩子，不要被好奇心、猜疑心所左右，更不要把自己的意愿强加于孩子身上；而子女则要理解父母的苦心，即使父母在某些方面令自己反感，也不要出言不逊，激化矛盾，双方可用心设计一些轻松、有趣的话题加强沟通。

　　心理专家曾对学生家长做过深入调查：反应出家长普遍不懂得如何教育子女。有76%的中学生家长没看过心理学方面的书籍。虽然时代在进步，可家长更多地还是继承上一辈的教育方式，结果现在亲子矛盾愈演愈烈，学生的问题越来越多。

　　中学生与父母之间的矛盾最为集中地体现在如下几方面：

　　一、父母对孩子的学习期望值过高，让学生感到太大压力；忽视其他素质的提高，特别不注重孩子情绪、情感的变化。

　　二、家庭不和睦，孩子与父母一方感情疏远，长期不说话，甚至产生反感。

　　三、父母对孩子的交往，尤其是与异性同学的交往干涉较多，习惯于盘查对方的情况。

　　四、家长对孩子过分关爱或者对孩子评价不妥，从而引发亲子矛盾。

　　五、家长对孩子的行为进行干涉，比如限制外出和活动，家长往往是害怕孩子学坏了，但孩子认为自己要出去接触社会，增长见识。

　　六、是家长与孩子缺乏沟通，有的甚至是把双向沟通变为父母单向的训斥。

　　同时，还有一个有意思的结论：高学历、知识水平高的家长与文盲家长更懂得怎样与孩子相处。前者接受过高等教育，明白交流和沟通的重要性；后者因为缺乏知识而十分尊重知识，更能理解孩子。而初等文化程度的家长最不易与孩子进行交流，总用自己的思维方式要求孩子，结果就会产生分歧。这些家长普遍存在对孩子施教方法简单粗暴的现象，命令式多于商量口气。

第四部分　老师好

尊敬老师

　　尊敬老师，是每一个学生都不能忽略的问题。一个人的成长，当然离不了父母；但是，一个人要成才，也一定离不开老师。这是因为，任何一个家长，即使就是当教师的，也不可能凭他个人的力量来使自己的孩子全面发展。一个人总要经过相当数量的各种层次的老师的教育，才可能获得成为人才的各种素质。同学们可能都觉察到了，你们的性格、气质、思维方法、情趣爱好，都或多或少、或深或浅地融入了某些老师的格调。如果说父母主要是养育了我们的身体的话，那么，我们也可以说，主要是老师培育了我们的精神、智力和能力。

　　人们都爱把老师比作渡人过河的小船，照人前进的灯烛。这些比喻，只是揭示了教师的部分功能，并且可以说并不是本质的那些功能。教师这只船，并不只是把坐在上面的学生原封不动地送过河去，就算了事；学生一旦坐上了老师的这艘船，就好比一棵小树苗被园丁栽进了丰厚的泥土里，老师要供给他水分、养料，要给他治虫，修剪挡住阳光的多余的枝叶，要不断地根据他的长势配给多种营养成分，让他们以后能开出绚丽的花朵、结出丰硕的果实。同学们都可以仔细想一想，你们小学毕业的时候，或者初中毕业的时候，仅仅是从一个学校走进了另一所学校吗？你们不仅个子长高了，手脚长粗壮了，而且，头脑发达了，思维严密了，认识提高了，知识增多了，技能增强了，许多同学还具备了优秀的品质、各种特长。同学们想一想，这一切，都是从哪里来的呢？我们谁也不能否认，这是你们在老师的精心培育下，在自己的努力下，逐渐形成的。老师对你们的作用是多么的巨大啊！中国人有句名言："滴水之恩，当涌泉相报。"对于恩重如山的老师，当然应该尊敬了。

　　尊敬老师，首先就要尊重老师的劳动，上课专心听讲，深入领会，完成老师布置的作业，掌握老师传授的知识，教给的方法、技能，对老师批改过的作业、作文，认真研究，坚决改正老师指出的缺点，学习老师的优秀品质。

其次对老师要有礼貌。这个问题，恐怕应该注意以下几个方面：

在校内校外遇见老师，应该主动打招呼，问好，也可以敬礼，而且应该面带微笑，和颜悦色。老师讲话或者批评的时候，不要插话，更不要顶撞。发现老师讲课、批评学生，有了出入，出现了错误，最好下课之后和老师个别交换意见。特别是老教师，年纪大了，有时一时写错字，讲错话，张冠李戴的事是常有的，这是自然规律，正常现象，同学们要理解，不要嘲笑。如果和老师发生了矛盾，要冷静处理，先作自我批评，珍惜师生情谊，不要有任何的过激语言，更不要产生任何的隔阂。老师生了病、或家里有什么事故，学生应该组织探望、慰问。

为什么要尊敬老师

社会的发展靠教育，教育的发展靠老师。老师的默默辛劳换来了人类文明的勃勃生机。老师是每个人心目中的完美的象征，老师赢得了人们共同的尊重和爱戴！我们有十分的理由向老师表示敬意。

●老师是知识渊博者

老师的知识犹如奔涌不息的清泉，让我们总感到取之不竭、用之不尽。老师用他们的知识滋润着我们的成长，充实着我们的头脑，增添我们认识世界的力量。老师的知识让我们有了久旱逢甘霖的喜悦，有了时刻拥有巨大知识宝库的安全感，而从不惧怕任何的困难。

有人这样说，一个博学多才的老师不仅是具有演说家的口才和艺术家的风采，让学生从语言到行动上都羡慕他、模仿他，而且还是一个不断学习、勤奋学习、善于学习、终身学习、勇于进取、可持续获得知识的人。在他们身上具有一种学而不厌、诲人不倦、精益求精的优良品质，在学生的心目中老师是一个永不满足的知识富有者。

●老师是人生引路者

亲其师，信其道。老师是对我们一生事业影响最大的人之一。老师的一句话往往会坚定我们为一项事业奋斗终身的信念，老师一次偶然的提示有可能点亮了我们对某一领域兴趣的火花。

据有人统计，许多诺贝尔奖获得者在发表获奖演说的时候，都会情不自禁地回忆起对自己成长中影响最大的一位小学或中学老师的一件往事！

老师是我们成长道路上的第一人生榜样。

老师是我们事业前进路上追寻的一串深深的脚印！

●老师是无悔奉献者

对老师的职业，人们有着数不清的赞誉："老师是蜡烛，照亮别人，燃烧自己"，"老师是铺路石，粉碎自己，平坦人生"，"老师是春蚕"，"老师是孺子牛"等等。

老师有充满关爱、热情大度的胸怀。他们把奉献作为自己的快乐，把给予作为自己最大的幸福。老师像太阳一样为学生播洒光和热，使学生变得强健有力、自强自立，努力完成自身生命的追求。

人之为人在于我们拥有区别于其他动物的精神和灵魂。老师被称为"人类灵魂的工程师"，因为是他们把无知的人们带进了具有高尚精神的社会大家庭，是他们促进了人类社会由愚昧走向文明的步伐。

●老师是心灵塑造者

老师是园丁，老师是路标，老师是摆渡人，这是对老师传道育人精神的赞美。工人劳动创造出实用的产品，农民劳动创造出丰富的食粮，科技人员的劳动是发明新技术，而唯独老师的劳动是培育出精神高尚的人。老师的职业是影响人一生的职业，老师的教诲是照亮人心灵中永远的指路灯！

师者，表率也。毫无疑问老师是我们做人的榜样，那么老师为什么能够成为我们的品行标准呢？老师不仅自己有着高尚的品德，而且时刻做到以身作则。老师是我们成长道路上的躬行示范者。老师使我们具备了最基本的做人道德规范。

●老师是品德示范者

为人师表，率先垂范。这是对身为老师的所有教育工作者的基本要求和期待。同时，这也是人们对老师的一种褒奖。教书先育人，老师不仅在知识和言行上是学生效仿的对象，而且老师更为学生、为我们大家树立了良好的品德样板。老师的优秀品格令每一位学生终身受益，老师的高尚道德让所有人为之感动。

父母之爱,让我们感受到养育的艰辛;朋友之爱,让我们体会到互助的温暖;老师之爱,让我们感受到了不求回报无私关爱的博大。

●老师是爱的传播者

老师为什么令我们难忘,是因为我们的心田里倾注了老师的爱。老师为什么令我们感动,是因为我们的灵魂深处凝结了老师的真情。

老师的爱是一种最高尚的爱。老师的爱不仅是出于他们职业本身的责任和义务,老师们更是把学生看作是他们自己的儿女,倾注全部的心血。老师的爱更肩负着祖国的未来和民族的希望,肩负着振兴中华的重任。

老师的爱是一种理智的爱。老师思考的是学生未来的长远发展,他们从不因眼前的不理解而放任迁就。老师的理智是超人的,他们对芸芸众生能够区别对待,因人施教,做到对好学生不溺爱,对差学生不操之过急、循循善诱。老师的爱包含母爱且胜于母爱,在于这种爱是严格要求和精心施教的完美结合,在于它突破了母亲的那种一味地溺爱。

有人说:"疼爱自己的孩子是本能,而热爱别人的孩子是神圣!"我们的老师所给予的爱恰恰就是这种神圣。"教育没有爱就成了无水之池",老师用自己的汗水辛勤耕耘,不断浇开一朵朵美丽的心灵之花。

●老师是甘为平凡者

老师也许是我们生命中除亲人外相处时间最长的人,可很多时候他们所留下的只是一束渴望的目光,一个鼓励的微笑,或者是课堂上一句亲切的话语,或者是台灯下批改作业的一个身影。这些都让我们更多地感受了老师的平凡,而正是老师的这种平凡造就了我们的未来。

我们的老师为了学生的学业不受影响,宁愿放弃优厚的待遇。平凡的老师就是这样,日复一日地上好每一节课,送走一届又一届的莘莘学子。

是谁推动了时代的进步与发展?人们首先想到的是像蔡伦、哥白尼、马克思等这些科学家、发明家和新理论的创立者。但是,真正把这些知识、理论传授给人们,从而形成实实在在的时代推动力的人却是老师。

如何与老师交往

中学生不再像小学生那样视老师为至高无上的权威，他们对老师有了新的认识，并有了更高的要求，对于喜欢什么样的老师也有了更明确的看法，与哪个老师关系比较融洽，喜欢上哪门课，哪门成绩就好；如果与哪个老师关系不好，也会殃及那门课。与老师相处如何，对学习好坏、校园生活有着直接的影响。

尊重老师，尊重老师的劳动。老师把所有的知识无私地、毫无保留地教给学生，就是希望看到学生成才、成熟，在知识的高峰上越攀越高。学生要尊敬老师，见到老师礼貌地打声招呼。上课认真听讲，积极发言，按时完成作业。老师怎么会不喜欢你呢？要别人尊重自己，首先要尊重别人。如果你和别人说话，他爱理不理，你会喜欢这个人吗？尊重老师，尊重老师的劳动，是和老师相处的基本前提。

勤学好问，虚心求教。有的学生说"这个老师不怎么样""那个老师水平太低"……这些看法太天真了。老师从年龄、学问、经验上来说，在某门课上的水平肯定是高于学生的。每个老师都喜欢肯动脑筋的学生，请教问题往往是师生交往的第一步，勤学好问不仅直接使学习受益，还会增强、加深和老师的交流，无形中就缩短了师生间的距离。一般情况下，任课老师并没有多少时间和学生直接交往，常向老师请教学习上的问题，会加深师生之间的了解和感情。

正确对待老师的过失，委婉地向老师提意见。没有缺点的人是不存在的。老师也不是完美的，他的观点有可能不正确，或误解了某个同学，甚至个别老师"架子"比较大，太严厉，这都是有可能的。发现老师的不足要持理解态度，向老师提意见语气要委婉，时机要适当。如果老师错怪了你，当面和老师顶撞起来，这样不仅不利于问题解决，还会恶化师生关系。暂时忍一忍，等大家都心平气和时再说。不管怎么说，老师是长者，作为学生，都应置老师于长者的地位，照顾老师的自尊心和面子。

犯了错误要敢于承认，及时改正。不要明知道自己错了，受到批评，却死不认错；也不要受过一次批评后，就特别怕那个老师，担心他对自己有成见，这是没有必要的。错了就错了，主动向老师承认，及时改正，老师一样会喜欢。老师不会因为哪个学生一次违反了纪律，就对他有成见，说他是坏学生。要相信老师是会比较全面、客观地评价学生的。和老师关系融洽，既可以促进学习，又可以学到很多做人的道理，会使你受益一生。

总之，处理好与老师、家长的关系是搞好学习和健康成长的保障。希望大家在学习生活中，每个人都能主动地充实自己的生活，美化自己的生活，做个健康、乐观、文明的人。

赞美老师

● 祝愿

加减乘除，算不尽您做出的奉献！诗词歌赋，颂不完对您的崇敬！您用知识甘露，浇开我们理想的花朵；您用心灵清泉，润育我们情操的美果。在这不寻常的节日里，献上我们深深的祝福！

每年，我把第一缕春光和贺年卡一起寄给您：我亲爱的老师，愿春天永远与您同在！

园丁——崇高的称号。看那枝头绽放的鲜花，是您辛勤的汗水灌浇。祝福您：桃李满天下，春晖遍四方！

阳光普照，园丁心坎春意暖；雨露滋润，桃李枝头蓓蕾红。——祝您教师节愉快。

您是园丁，为祖国山川添秀色；您如春雨，润育桃李，神州大地尽芳菲。在这喜庆的节日里，让我献上一支心灵的鲜花，向您表达衷心的祝愿。

用满天彩霞谱写颂歌，用遍地鲜花编织诗篇，也表不尽我们对老师节日的祝贺！

"桃李满天下"，是教师的荣耀。——值此日丽风清、秋实累累的园丁佳节，敬祝老师康乐如意，青春永葆！

我不是您最出色的学生，而您却是我最尊敬的老师。在您的节日里，我要把一份崇高的敬意献给您。

敬爱的老师，您的谆谆教诲如春风，似瑞雨，永铭我心。我虔诚地祝福您：康乐、如意！

我们从幼苗长成大树，却永远是您的学生。在您花甲之年，祝您生命之树常青。

您因材施教，善启心灵。我们捧着优异的成绩，来祝贺您的胜利！

老师，祝您教育的学生，人才济济，精英辈出。

老师，您是真诚的、善良的、美好的。愿所有同学的心扉都向您敞开。

愿我这小溪的乐音，永远在您深邃的山谷中回响。

海水退潮的时候，把五彩的贝壳留在沙滩上。我们毕业的时候，把诚挚的祝愿献给老师。

●仰慕

您用火一般的情感温暖着每一个同学的心房，无数颗心被您牵引激荡，连您的背影也凝聚着滚烫的目光……

您不是演员，却吸引着我们饥渴的目光；您不是歌唱家，却让知识的清泉叮咚作响，唱出迷人的歌曲；您不是雕塑家，却塑造着一批批青年人的灵魂……老师啊，我怎能把您遗忘！

刻在木板上的名字未必不朽，刻在石头上的名字也未必流芳百世；老师，您的名字刻在我们心灵上，这才真正永存。

您的思想，您的话语，充溢着诗意，蕴含着哲理，又显得那么神奇——啊！在我的脑海里，它们曾激起过多少美妙的涟漪！

您推崇真诚和廉洁，以此视作为人处世的准则。您是我们莘莘学子心目中的楷模。

我崇拜伟人、名人，可是我更急切地把我的敬意和赞美献给一位普通的人——我的老师您。

您对我们严格要求，并以自己的行动为榜样。您的规劝、要求，甚至命令，一经提出，便要我们一定做到，然而又总使我们心悦诚服，自觉行动。这就是您留在我心中的高大形象。

在我的心目中，您是最严厉的父亲，又是最慈祥的妈妈；您是无名英雄，又是教坛名师。

您的音容笑貌，时时闪现在我的眼前；您是品行人格，永远珍藏在我记忆的深处。

啊，老师——人类灵魂的工程师，唯有这光辉的名字，才有着像大海一样丰富、蓝天一样深湛的内涵！

老师，这个光彩夺目的名称，将像一颗灿烂的明星，永远高悬在我们的胸中。

即使我两鬓斑白，依然会由衷地呼唤您一声——老师！在这个神圣而崇高的字眼面前，我永远是一个需要启蒙的学生！

在生活的大海上，老师，您就像高高的航标灯，屹立在辽阔的海面上，时时刻刻为我们指引着前进的航程！

毫不吝惜地燃烧自己，发出全部的热，全部的光，全部的能量。老师，您像红烛，受人爱戴，令人敬仰！

有人说，师恩如山，因为高山巍巍，使人崇敬。我还要说，师恩似海，因为大海浩瀚，无法估量。

您在学生的心目中，是"真的种子，善的信使，美的旗帜"。

您是严冬里的炭火，是酷暑里的浓荫洒湍流中的踏脚石，是雾海中的航标灯——老师啊，您言传身教，育人有方，甘为人梯，令人难忘！

仰之弥高，钻之弥坚。——《论语·子罕》

新竹高于旧竹枝，全凭老干为扶持。明年再有新生者，十万龙孙绕凤池。——【清】郑燮

● 致谢

人生旅程上，您丰富我的心灵，开发我的智力，为我点燃了希望的光芒。谢谢您，老师！

春雨，染绿了世界，而自己却无声地消失在泥土之中。老师，您就是滋润我们心田的春雨，我们将永远感谢您。

老师，您是海洋，我是贝壳，是您给了我斑斓的色彩……我当怎样地感谢您！

踏遍心田的每一角，踩透心灵的每一寸，满是对您的敬意。

有如从朔风凛冽的户外来到冬日雪夜的炉边；老师，您的关怀，如这炉炭的殷红，给我无限温暖。我怎能不感谢您？

对于您教诲的苦心，我无比感激，并将铭记于心！

天涯海角有尽处，只有师恩无穷期。感谢您，老师！

您用心中全部的爱，染成了我青春的色彩；您用执著的信念，铸成了我性格的不屈……老师，我生命的火花里闪耀着一个您！

鸟儿遇到风雨，躲进它的巢里；我心上有风雨袭来，总是躲在您的怀里——我的师长，您是我遮雨的伞，挡风的墙，我怎能不感谢您！

没有您的慷慨奉献，哪有我收获的今天。十二万分地感谢您，敬爱的老师。

您送我进入一个彩色的天地，您将我带入一个无限的世界……老师，我的心在呼唤着您，在向您敬礼。

把精魂给了我，把柔情给了我，把母亲般的一腔爱给了我……老师，您只知道给予而从不想索取，我怎能不向您表示由衷的敬意？

您的眼神是无声的语言，对我充满期待；是燃烧的火焰，给我巨大的热力：它将久久地、久久地印在我的心里……

假如我能搏击蓝天，那是您给了我腾飞的翅膀；假如我是击浪的勇士，那是您给了我弄潮的力量；假如我是不灭的火炬，那是您给了我青春的光亮！

老师，在今天我们身上散发的智慧光芒里，依然闪烁着您当年点燃的火花！

往日，您在我的心田播下了知识的种子，今天，才有我在科研中结出的硕果。老师，这是您的丰收！

您谆谆的教诲，化作我脑中的智慧，胸中的热血，行为的规范。我感谢您，感谢您对我的精心培育。

因为您一片爱心的灌浇，一番耕耘的辛劳，才会有桃李的绚丽，稻麦的金黄。愿我的谢意化成一束不凋的鲜花，给您的生活带来芬芳。

忘不了您和风细雨般的话语，荡涤了我心灵上的尘泥；忘不了您浩荡东风般的叮咛，鼓起我前进的勇气。老师，我终生感激您！

真空、坚定、谦逊、朴素——这是您教给我唱的歌，这是您指引我走的人生之路。

有一道彩虹，不出现在雨后，也不出现在天空，它常出现在我心中，鞭策着我堂堂正正地做人——给时刻关怀着我的导师！

老师，感谢您用自己的生命之光，照亮了我人生的旅途。

● 思念

一切过去了的都会变成亲切的怀念——老师，我怀念中学时代，怀念母校，怀念您……

如果时光能倒流，让我重新回到学生时代——亲爱的老师，多么想再聆听您那语重心长的教诲……

别后，漫长的岁月，您的声音，常在我耳畔响起；您的身影，常在我眼前浮现；您的教诲，常驻在我的心田……

人生是一条没有尽头的路，我走着，走着，不断地走着。当我疲意懈怠时，记忆中就会浮起您坚定的面容，坚毅的声音，坚韧的精神。老师啊，您教会了我生活，我怎能将您忘怀！

每当收获的时刻，我总会情不自禁地想念辛勤播种的耕耘者，我的老师。

老师，离别虽然久长，而您那形象仿佛是一个灿烂发亮的光点，一直在我的心中闪烁。

今天，我在遥远的地方，把您给予我的昨天，折叠成记忆的小船，任其飘荡在思念的心湖里。

服饰依旧，容光依旧。您那熟悉的板书、熟悉的声音，将我们的思绪牵向往昔的学生时代。啊，老师……

怀念您，亲爱的老师！在我的心中，珍藏着您明眸的凝视，它们像两眼清泉，永远奔流在我的心谷……

饮其流者怀其源，学其成时念吾师。

●赞颂

老师，大家都说您培养着祖国的栋梁；我却要说，您就是祖国的栋梁。正是您，支撑起我们一代人的脊梁！

您像一支红烛，为后辈献出了所有的热和光！您的品格和精神，可以用两个字就是——燃烧！不停的燃烧！

啊，有了您，花园才这般艳丽，大地才充满春意！老师，快推开窗子看吧，这满园春色，这满园桃李，都在向您敬礼！

如果没有您思想的滋润，怎么会绽开那么多美好的灵魂之花？啊，老师，人类灵魂的工程师，有谁不在将您赞扬！

传播知识，就是播种希望，播种幸福。老师，您就是这希望与幸福的播种人！

老师，您是美的耕耘者，美的播种者。是您用美的阳光普照，用美的雨露滋润，我们的心田才绿草如茵，繁花似锦！

您为花的盛开、果的成熟忙碌着，默默地垂着叶的绿荫！啊，老师，您的精神，永记我心！

您多像那默默无闻的树根，使小树苗壮成长，又使树枝上挂满丰硕的果实，却并不要求任何报酬。

您给了我们一杆生活的尺，让我们自己天天去丈量；您给了我们一面模范行为的镜子，让我们处处有学习的榜样。

您是大桥，为我们连接被割断的山峦，让我们走向收获的峰巅；您是青藤，坚韧而修长，指引我们采撷到崖顶的灵芝和人参。

当苗儿需要一杯水的时候，绝不送上一桶水；而当需要一桶水的时候，也绝不给予一杯水。适时、适量地给予，这是一个好园丁的技艺。我的老师，这也正是您的教育艺术。

不计辛勤一砚寒，桃熟流丹，李熟枝残，种花容易树人难。幽谷飞香不一般，诗满人间，画满人间，英才济济笑开颜。

老师，您用人类最崇高的感情——爱，播种春天，播种理想，播种力量……

用语言播种，用彩笔耕耘，用汗水浇灌，用心血滋润，这就是我们敬爱的老师崇高的劳动。

您工作在今朝，却建设着祖国的明天；您教学在课堂，成就却在祖国的四面八方。

老师，如果把您比作蚌，那么 学生便是蚌里的砂粒；您用爱去舐它，磨它，浸它，洗它……经年累月，砂粒便成了一颗颗珍珠，光彩熠熠。

您的教师生涯，有无数骄傲和幸福的回忆，但您把它们珍藏在心底，而只是注视着一待开拓的园地。

假如我是诗人，我将以满腔的热情写下诗篇，赞美大海的辽阔和深远。并把它献给您——我的胸怀博大、知识精深的老师。

教师是火种，点燃了学生的心灵之火；教师是石阶，承受着学生一步步踏实地向上攀登。

您像一支蜡烛，虽然细弱，但有一分热，发一分光，照亮了别人，耗尽了自己。这无私的奉献，令人永志不忘。

春蚕一生没说过自诩的话，那吐出的银丝就是丈量生命价值的尺子。敬爱的老师，您从未在别人面前炫耀过，但那盛开的桃李，就是对您最高的评价。

您的爱，太阳一般温暖，春风一般和煦，清泉一般甘甜。您的爱，比父爱更严峻，比母爱更细腻，比友爱更纯洁。您——老师的爱，天下最伟大，最高洁。

萤火虫的可贵，在于用那盏挂在后尾的灯，专照别人；您的可敬，则在于总是给别人提供方便。

是谁把雨露撒遍大地？是谁把幼苗辛勤哺育？是您，老师，您是一位伟大的园丁！看这遍地怒放的鲜花，哪一朵上没有您的心血，哪一朵上没有您的笑。

第五部分　友谊地久天长

怎样建立真诚的友谊

纯真的友情是我们享用一生的财富。我们一起成长，一起进步，一起欢笑，也一起流泪，这就是珍贵的友谊。是朋友，让我们花季的天空永远晴朗无比，让我们的每一天都面带微笑；是朋友的爱，朋友的情，让我们更自信、更坚强、更乐观、更开朗。

首先，我们要明白什么样的友谊才是真诚的。古人说："君子之交淡如水，小人之交甘若醴。"这句话可以给我们启示，真诚的朋友，是在你最需要的时候能够给你帮助的人。真正的朋友，不是锦上添花的人，而是雪中送炭的人。很多同学可能会说，我们现在还是学生，也没有遇到什么大困难、大灾难，怎么区分真诚不真诚。其实，也没有必要做得这么严肃，每个人从出生那时起，就有一双慧眼，有一双灵耳，有一颗敏感的心，在与人交往的过程中，我们能够辨识真诚与虚伪，我们能够分清好与坏。只要你的朋友是支持你积极向上的，是不违背伦理道德的，是遵纪守法的，是让你往积极健康的道路上行走的，那都是真诚的朋友。

其次，我们要学会正确地看待别人和自己。不知道我们是不是经常照镜子，我们脸上如果有不干净的地方，一般情况下自己很难发现的，都认为自己是一张洁净秀美的脸，当我们照镜子后，可能会发现我们很多以前没发现的缺陷。所以，我们是不是先在我们的心中支一面镜子，照照我们的心，照照我们的灵魂，剖析我们自己，到底有什么优点，有什么缺点，当我们明白了自己的优缺点之后，我们就为建立良好的人际关系奠定了一个良好的基础。

第三，我们要学会悦纳自己和别人。在我们的生活中，有些人过分夸大了自己的缺点，妄自菲薄，产生自卑；有的人过分夸大自己的优点，狂妄自大，产生自负。自卑者往往敏感，有时候为了保护自己，还很刻薄，人们都不愿跟他交往；自负者目空一切，很容易轻视别人，人们也不会跟他交往。我们一定要悦纳自己，建立自信，让自己能够很顺利、很愉悦地同他人交往。自负者应该悦纳他人，要知道"梅须逊雪三分白，雪却输梅一段香"，每个人都有自己的长处，要学会欣赏别人，这样才能建立良好的人际关系。

第四，要养成良好的习惯。很多同学由于坏习惯，影响别人，给别人带来麻烦，所以，得不到真诚的友谊。比如，上课讲话，影响同桌听课。在寝室乱拿别人的东西，影响别人的生活。在一个小组的清洁工作中偷懒，影响小组劳动的质量。借了别人的钱，忘记还等等，都影响人际关系。

第五，同学之间的关系要保持一定的距离。很多同学认为，好朋友是时时事事处处都要在一起，这种观点是错误的，每个人都需要自己独立的空间，如果你把朋友的空间都占用了，朋友感觉很压抑，时间久了，也会有包袱的。所谓距离产生美。朋友之间，不可以是一种占有关系，而是支持、帮助的关系。要学会让朋友既有相聚的时间，也有独处的愉悦。

第六，朋友的面要广，不要只跟一个朋友相处。世上没有完全相同的两片树叶，只跟一个朋友交往，可能很容易让你孤陋寡闻。朋友多，你得到的友谊多，得到的知识和技能也会多的。

友谊长存的要素

友情是人们与接触较亲密的朋友之间所存在的感情，是人们愿意为朋友付出一些或全部自己所有的思想。友情通常情况下大于人情也大于亲情。友谊不论时间的长久，不论距离的远近，心总是在一起的，无论发生什么事情都不曾改变！它是一种很美妙的东西，可以让你在失落的时候变得高兴起来，可以让你走出困境，去迎接新的人生。它就像一种你无法说出，又可以感到快乐无比的东西。

友情是不可代替的，是人生不可或缺的重要的东西！

● 真诚

朋友之间要以诚相待，以心见心。没有真诚就不会存在真正的友谊。相知贵在心，常相知不相疑，虚伪是埋葬友谊的坟墓。一句话，建立友谊、发展友谊，需要真诚；消除隔阂、解除隔阂，需要真诚。

●信用

孔子说："与朋友交，言而有信。"信用是维系友谊的必守信条。一般来讲，讲求信用的人有责任感，气量大，信守诺言；而不讲信用的人往往不负责任，气量小，不守诺言，朝三暮四。要知道，坚守信用就能给人以安全感，有了安全感人们就会信任你，有了信任，友谊就能维系。

●尊重

尊重是维系友谊的灵魂、尊重包括自重和尊重他人。朋友之间要学会相互尊重，真诚的成人之美。很难想象，一个终日讽刺、挖苦、丑化他人的人会有真正的朋友。

●宽容

宽容是维系友谊的重要的心理要素。宽容包括：宽宏大量，严于律己，宽以待人，胸襟开阔。宽宏大量还表现在对待钱财、职位等利害得失上不斤斤计较，大方得体。

●理解

理解是友谊的源泉。理解是对朋友的同情、体谅和支持，是对朋友的经历、处境、人格价值等的肯定性认识，是对朋友信任与信心的肯定性评价。若要使友谊地久天长，彼此之间必须架上理解的桥梁。

世界上有一种人

知道你一些不为人知的小秘密

犯错的时候

他帮你找理由

需要帮助的时候

他总是第一个出现

你很抱歉的是你总是麻烦来到时才想到他

但你很庆幸生命中出现了这么好的一个人

这种人

叫作朋友

与同学交往五大技巧

现在有的中学生，上学一个人，放学一个人，遇上周末或是放假，干脆一个人待在家。其实，他们不少人并不是喜欢独来独往，而是有着交往的恐惧，究其原因，是缺乏跟同学交流的技巧。以下五个建议性技巧值得你试一试，说不定，你能因此而拥有许多朋友。

●不能处处以自我为中心

在生活上以自我为中心，对于集体生活没有充分的思想准备，沿袭着在家中当"小皇帝""小公主"的习惯，觉得周围的人让着自己是应该的，想干什么就干什么，不管是否影响他人的生活习惯；在学习上以自我为中心，因为自己是班上的尖子，就觉得自己在学习上占有较大的优势，看不起一般的同学，不愿与他人共同探讨、相互学习，总认为自己是最好的；在社会活动、集体活动中以自我为中心，听不进别人的建议和想法，总希望别人依照自己的"吩咐"去做，这种交往方式最容易导致孤立、不受欢迎的局面，给自己和他人带来不必要的烦恼，给集体带来不必要的损失。以自我为中心的人应该学习伟人的谦虚美德，从他人身上汲取养分。

●友谊需要经常维护，要真诚

维护友谊，不等于迁就对方、附和对方，靠一团和气来调和矛盾，虽然表面上不伤情感，但实际上拉大了彼此的心理距离。交朋友必须坚持原则，有时不妨做诤友，给予他人真心的批评与建议，建立真正互帮互助的、和谐的人际关系。

●尊重别人的价值观

人是复杂的，各人的价值取向也会各不相同，所以很难、也没有必要千人一律。尊重对方的价值观是交友中很重要的一个方面。学会理解他人，在人际交往中一定要提醒自己不要做让人反感的人。

●站在对方的角度来考虑，努力理解对方的苦心

当观点不一致时，应想办法心平气和地向别人讲明你的想法，增进相互理解，使彼此间的感情融洽。切记不可粗鲁、顶撞，那样会伤害朋友的自尊心。凡事多从他人角度着想，自己有错时应主动承认、道歉，对同学的缺点也要给予宽容。平时多参加集体活动，多和同学交往。

●交往的方式要及时做调整

我国著名心理学家丁瓒教授说："人类的心理适应，最主要的就是对人际关系的适应，所以人类的心理病态，主要是由于人际关系的失调而来。"进入了一个崭新的学习和生活环境，同时也意味着进入了一种新的人际关系之中。对中学生来说，对新的人际关系的适应要远比对学习和生活环境的适应困难。有的同学还像上小学那样，只跟自己喜欢的人交往，对自己看不惯的人根本不理。也有的同学还是动不动就"我不爱理他"，在交往中显得十分幼稚。这些较为情绪化的交往方式很容易造成交往障碍，增加自己的心理压力。

中学生如何建立良好的人际关系

人际关系在中学生阶段，也是很重要的。

进入中学阶段，良好的人际关系开始成为影响中学生个人健康成长重要的因素。一个人如果能生活在一个温馨的集体环境中，与周围的同学、老师建立起和谐的关系，他就会消除孤独感，产生安全感，保持情绪的平静和稳定。

否则，就会感到孤独和压抑。但是，良好的人际关系不等于"和周围的每一个人都很亲密"。特别是进入到青春期的中学生，自我意识有了极大提高，个人的独立性也已经大大地增强，每个人对人、对事、对人生、对生活都开始有了自己的看法，希望能独立地安排自己的学习和生活，而不希望别人过多地干涉自己，这便是中学生与小学生的区别。

进入到青春期的你，一定已经认识到，建立良好的人际关系更重视的是与他人在思想认识和生活体验上的交流、在生活上的必要关心和帮助以及互通信息等方面，而不是形式上的形影不离和亲密无间。

建立良好的人际关系应注意以下几个方面：

●要热情交往

人际关系是互动的，不要总是消极地等待别人来主动关心自己，而要主动地与周围的同学交往沟通。开放自我是有感染性的，你对别人开放，别人也会对你开放。当对方走出故步自封、自我封闭的死圈子的时候，你不仅会对对方有更深一层的认识，更重要的是对自己也会有新的认识和体验。

●要理解尊重

每个人都有自己的气质和性格特点，不同的成长背景和生活习惯，所以在与同学交往的过程中，如果能互相理解尊重，大家的关系就容易融洽，也会减少不必要的摩擦。

●要以诚相待

人与人的交往，最重要的就是真诚和善意，这也是做人的根本原则。口是心非、虚伪傲慢的人是难以有朋友的。

●要宽容谅解

俗话说："人无完人，金无足赤。"我们周围的同学（包括自己）都还处于成长的阶段，处理问题常会有很多不妥之处。在许多问题上，同学间也会有不同的见解，这就要求能够从对方的角度考虑问题，相互谅解，就不会导致敌意。

●消除依赖感

在人际交往中还有一种不健康的心态，就是依赖感过强的人，总是希望别人像父母一样关心自己，凡事都要别人替自己拿主意，这是缺乏独立意识的表现。过强的依赖感还会发展成为控制欲，他们强求别人和自己一起学习，一起复习功课，向自己通报行动计划，甚至限制别人同其他同学的交往。这是一种人格缺陷，应及时加以纠正。

不要说别人的坏话

圣菲利普是16世纪深受爱戴的罗马牧师，富人和穷人追随着他，贵族和平民也都喜欢他，这一切都是因为他的善解人意。

有一次，一位年轻的女孩来到圣菲利普面前倾诉自己的苦恼。圣菲利普明白了女孩的缺点，其实她心地倒不坏，只是她常常说三道四，喜欢说些无聊的闲话。这些闲话传出去后就会给别人造成许多伤害。

圣菲利普说："你不应该谈论他人的缺点，我知道你也为此苦恼，现在我命令你要为此赎罪。你到市场上买一只母鸡，走出城镇后，沿路拔下鸡毛并四处散布。你要一刻不停地拔，直到拔完为止。你做完之后就回到这里告诉我。"

女孩觉得这是非常奇怪的赎罪方式，但为了消除自己的烦恼，她没有任何异议。她买了鸡，走出城镇，并遵照吩咐拔下鸡毛。然后她回去找圣菲利普，告诉他自己按照他说的做了一切。

圣菲利普说："你已完成了赎罪的第一部分，现在要进行第二部分。你必须回到你来的路上，捡起所有的鸡毛。"

女孩为难地说："这怎么可能呢？在这个时候，风已经把它们吹得到处都是了。也许我可以捡回一些，但是我不可能捡回所有的鸡毛。"

"没错，我的孩子。那些你脱口而出的愚蠢话语不也是如此吗？你不也常常从口中吐出一些愚蠢的谣言吗？然后它们不也是散落路途，口耳相传到各处吗？你有可能跟在它们后面，在你想收回的时候就收回吗？"

女孩说："不能，神父。"

"那么，当你想说些别人的闲话时，请闭上你的嘴，不要让这些邪恶的羽毛散落路旁。"

生活中，如何说话，尤其如何谈论别人，需要我们慎重考虑。随便散布谣言不但伤了别人，我们自己也会成为受害者。

多锻炼说话的艺术

没把握的事，谨慎地说。对那些自己没有把握的事情，如果你不说，别人会觉得你虚伪；如果你能措辞严谨地说出来，会让人感到你是个值得信任的人。

没发生的事，不要胡说。人们最讨厌无事生非的人，如果你从来不随便臆测或胡说没有的事，会让人觉得你为人成熟、有修养，是个做事认真、有责任感的人。

做不到的事，别乱说。俗话说："没有金刚钻，别揽瓷器活。"不轻易承诺自己做不到的事，会让听者觉得你是一个"言必信，行必果"的人，愿意相信你。

急事，慢慢地说。遇到急事，如果能沉下心思考，然后不急不躁地把事情说清楚，会给听者留下稳重、不冲动的印象，从而增加他人对你的信任度。

小事，幽默地说。尤其是一些善意的提醒，用句玩笑话讲出来，就不会让听者感觉生硬，他们不但会欣然接受你的提醒，还会增强彼此的亲密感。

尊长的事，多听少说。年长的人往往不喜欢年轻人对自己的事发表太多的评论，如果年轻人说得过多，他们就觉得你不是一个尊敬长辈、谦虚好学的人。

伤害人的事，不能说。不轻易用言语伤害别人，尤其在较为亲近的人之间，不说伤害人的话。这会让他们觉得你是个善良的人，有助于维系和增进感情。

伤心的事，不要见人就说。人在伤心时，都有倾诉的欲望，但如果见人就说，很容易使听者心理压力过大，对你产生怀疑和疏远。同时，你还会给人留下不为他人着想，想把痛苦转嫁给他人的印象。

别人的事，小心地说。人与人之间都需要安全距离，不轻易评论和传播别人的事，会给人交往的安全感。

自己的事，听别人怎么说。自己的事情要多听听局外人的看法，一则可以给人以谦虚的印象；二则会让人觉得你是个明事理的人。

如何与嫉妒心强的人交往

莎士比亚说："您要留心嫉妒啊，那是一个绿眼的妖魔！"嫉妒的人是可恨的，他们不能容忍别人的快乐与优秀，会用各种手段去破坏别人的幸福，有的挖空心思采用流言蜚语进行中伤，有的采取卑劣手段；嫉妒的人又是可怜的，他们自卑、阴暗，他们享受不到阳光的美好，体会不了人生的乐趣，生活在他们的黑暗世界里；嫉妒的人是那么的可悲，"心灵的疾病"会扩散到身体各处，引起躯体上的不良反应，七病八疾不请自到，它是摧毁人性和健康的毒药。

所以在与嫉妒心强的人交往要格外注意。不能硬碰硬，要有技巧。

● 走自己的路，让别人去说吧

与有嫉妒心的人相处时，最好不要特意采取一些方式方法来对付有嫉妒心的人。因为嫉妒心理本身就是多疑的、爱猜忌的。所以，倒不如将有嫉妒心的人当作普通人来看待，俗话说，见怪不怪，其怪自败。与其说费尽心思去琢磨，不如来个"无为而治"，落得个"无为无不为"的效果。

● 说服、鼓励的对策

有些嫉妒是因误会而产生时，就需要进行说服和交流。否则，误会越来越深，以致严重干扰和破坏人际关系的正常交往。在说服时要注意心平气和，也要做好多次才能说服的准备。

嫉妒者还要采取鼓励的态度。因为嫉妒者是在处于劣势时产生的心理失落和不平衡，虽表面气壮如牛，但内心是空虚的，且隐含着一种悲观情绪。所以对嫉妒者采取鼓励的态度十分必要，主要是客观地分析他的长处，强化他的信心，转变他的错误想法，而且还要在力所能及的情况下，为嫉妒者提供一些实质性的帮助，使嫉妒转向公平竞争。

● 采取妥协和退让的必要策略

大智若愚，难得糊涂。孔子曾说："聪明圣智，守之以愚；功被天下，守之以让；勇力抚世，守之以情；富有四海，守之以谦。"这不仅是一种单纯的策略，事实是，当一个人在鲜花与掌声中时，更需谦虚、谨慎，这不仅防备被嫉妒，而且能从根本上调整自己。

以爱化恨，以让抑争。以爱化恨法主要是以真诚的爱心去感化嫉妒者，从而消除和化解嫉妒。老百姓常说："恨是离心药，爱是胶合剂。"因此，当你遇人嫉妒时，如果能够以德报怨，用爱心去感化嫉妒者，恩怨也就自然会化解了。

以有原则的忍让来抑制无原则的争斗，这是根治双向嫉妒和多向嫉妒关键之举。如果嫉妒者向你发出挑战，你不但不迎战，反而退避三舍，以不失原则的适度忍让来求大同存小异，或是求大同存大异，都不失为化解嫉妒、免遭嫉妒的好方式。

同学间交往的六个禁忌

一忌不正当攀比。同学交往，免不了攀比，关键看比什么，是志气、信心，还是比虚荣。如果是比思想进步、学习进步，这当然好；但如果比物质，就不可取了。

二忌说长道短。同学间相处要谨言慎行，在背地里说长道短，这是同学间最忌讳的事情。正确的做法是自己不传、不说。听到别人说，要认真分析真伪，不要轻信及盲从，处处养成勤动脑、多观察的好习惯。

三忌说话伤人。良言一句三冬暖，恶语伤人六月寒。要自觉培养尊重别人的能力，讲话应温文尔雅，讲究语言美，而忌自以为是、出言不逊、奚落挖苦、恶语伤人。

四忌人格不平等。同学之间在人格上是平等的，因此彼此应相互尊重，自傲或自卑者都可能与其他同学之间人为地拉大距离，影响同学关系的正常发展。

五忌小群体。在一个班集体中学习生活，总有一些关系不错的朋友，但忌长时间接触几位关系好的同学，而不和其他人相处。尤其是，当小群体的利益与集体利益发生矛盾时，则应以班集体利益为先，弃之个人或小集体利益。

六忌不良效仿。同学之间交往要互助于双方的进步才是有益的往来。近朱者赤，近墨者黑。要善于交友，学会选择，真诚待人。

如何处理好与寝室同学的关系

住校的时候，有的同学被室友孤立感到很苦恼："也不知为什么，可能是我不大注意自己说话方式。我感到大家开始用讽刺的口吻跟我说话；我若无意说了哪位同学，大家就一起帮他。我感到很苦闷，觉得回宿舍也没有什么意思，怕说错话引起更大的麻烦。所以每天很早起床，背着书包到教室看书，晚上很晚才回宿舍，有时即使看不进去，也不愿回宿舍，就顺着操场逛，一圈又一圈，估计快要熄灯了才回宿舍。"

首先，要正视这一问题，多找自己身上存在的问题及对宿舍人际关系造成的影响。"远亲不如近邻。"但对中学生来说，"近邻"往往不一定能"先得和睦"，反而因为交往的频繁，同学个性和阅历的差异，造成各种摩擦和冲突。学生对于寝室矛盾的反映意见，突出地表现在各种各样的零碎小事中：乱扔垃圾、制造噪音、作息紊乱、言论霸权和过分亲密等等。若自己有不妥的地方，可以适当调整自己的生活习性；改变自己的说话方式，以他人可以接受和理解的方式进行。

其次，争取多沟通多交流。不要因为大家有些误解而避免交流和沟通，而应主动与大家沟通，参与大家的讨论与活动。只有这样，才能更好地了解自己和他人，消除彼此之间的误会，加强相互的理解和信任。

其三，心胸宽广，对别人多加理解和包容。一个新时代的中学生应海纳百川，多吸收别人的优点；对他人的缺点，应多加理解和包容。平时对一些生活中出现的鸡毛蒜皮的纠纷，不要太耿耿于怀，该忘的忘，该原谅的原谅，该和解的和解，不要太放在心上。所谓"大事聪明，小事糊涂"，把有限的精力用在做主要的事情上，比如说，搞好自己的学习。

再次，真诚地对待他人。俗话说："种瓜得瓜，种豆得豆。"只有播种真诚，展现真实的自我，才会收获别人的真诚。因为人们无意识中在遵守"人际关系互惠"原则，你袒露真诚的程度，会得到相应的回报。有的人害怕自己的缺点被别人看到会影响自己在别人心上中的形象。心理学研究表明：人们并不喜欢一个各方面都十分完美的人，而恰恰是一个各方面都表现优秀而又有一些小小缺点的人最受欢迎。所以你不用太在意自己的缺点，对这点要有足够的信心。

最后，发自内心地赞美他人。学会欣赏、赞美他人，每天至少说一句让人感觉舒服的话，比如："你太棒了！""你这个发型很好看！"这种赞美的话语会给被赞扬者带来快乐，引起积极的情绪反应。情绪具有传染性，即也会传染给周围的人给周围所有人带来快乐。"快乐"则会消融人际关系的僵局，使寝室关系变得融洽。

看不惯同学怎么办

在人际交往中，每个人都会遇到相异于自己的人，大至思想观念、为人处世之道，小至对某人、某事的看法或评论。这些程度不同的差异都有可能外化成人与人之间的分歧或摩擦，使其做出让别人看不惯的言行。当你"看不惯"同学的言行时，你该怎么说才好呢？

●忠告一：讲究卫生，别说脏话

即使对方的言行让你气愤，在给他指出时你也不要忘了最起码的尊重，否则只能引发新的人际冲突。

请不要说："你个×××""我就看不惯你这熊样""他妈的""你是狗嘴吐不出象牙来"。

据调查，学生中的纠纷多数由口角引起，而口角的发生多是恶语伤人的结果。"你个×××，怎么像……"话语本身就带有指责意味，并带侮辱性的脏话，怎能不激起对方的自卫心理？所以，这样的脏话一出口，会立即激怒其他同学，引发新的冲突。

请这样说："我觉得你应当……才好""我有个建议请你听一下""你刚才的话（做法），我觉得……"

既然是你"看不惯"对方，就说明你们之间在某些方面是存在差异的，若想让对方接受你的看法，就需要考虑一下他的感受以及心理接受程度。上述几种说法，既讲究礼貌，又带有建议、商谈的意味，就比较利于对方接受。

●忠告二：控制情绪，别说气话

气话往往让你思维混乱、口不择言，到头来说出了你并不想说或并不该说的话。

请不要说："小样，我一听你说这话就来气""你算个什么东西，敢这样放肆！""看你姥姥不疼、舅舅不爱的样，我早就看不惯你了。"

当你看不惯同学的言行时，不要说气话，因为当对方品出你言语间、语气上的"气味"时，会产生"哼，谁吃你那一套！"的对抗心理或想法，很可能不是当即顶撞你，就是拂袖而去或闭口不言。

请这样说："别怪我说你啊，你刚才说的话（做的事）确实够让人生气的""你觉得自己刚才说的话（做的事）是否妥当？""快住手（住口）吧，你看影响多不好"。

你听，同样是表达自己的不满，这种说法就比较"温柔"，也不容易一下子戳痛对方。心里生气，说出的话最容易是气话，一定要在心里把"气"理一理、顺一顺，以避免你说气话，对方再以气话回击，否则气话赶气话，定会"怒气冲天"。

●忠告三：注意分寸，别说狠话

用暴力味较浓的狠话去促使对方改正，不但于事无补，反而会将事态搞得更糟。

请不要说："我看你这德行就是欠修理""你要是再不……的话，我就……""你是不是活得不耐烦了？""想找死啊，欠扁啊？""你给我老实点，否则我就要……"

当你看不惯同学的言行时，也许还会"恶向胆边生"，以狠话来威胁、恐吓使其改正。狠话，对性格怯懦的同学也许会产生一些效果，但其他同学可能就"不感冒"了，毕竟是弊大于利。一来，即使对方表面上屈从你了，心里仍不服气。二来，中学生正值自尊心萌动、血气方刚的年龄，你的狠话可能会一下子激起对方维护尊严的斗争欲，到头来事与愿违。

请这样说："你这样做是不对的，我觉得别的同学知道后也会不答应的""如果你再这样的话，我只能请老师来主持公道了""你自己认为这样说（做）对谁有好处"。

同样是以不良后果来促使对方警醒并收敛言行，这种善意威吓的话就比刚才的"狠话"有效得多。相对于"我要怎么怎么教训你"这样锋芒毕露的狠话而言，"同学知道后会不答应""请老师来主持公道"这样绵里藏针的话更具有心理威慑力。所以，表达你的强烈不满，既要让他意识到后果的严重，也要让他从心底接受改变才好。

26个细节帮你赢得好人缘

1.长相不令人讨厌，如果长得不好，就让自己有才气；如果才气也没有，那就总是微笑。

2.气质是关键。如果时尚学不好，宁愿纯朴。

3.与人握手时，可多握一会儿。真诚是宝。

4.不必什么都用"我"做主语。

5.不要向朋友借钱。

6.不要"逼"客人看你的家庭相册。

7.与人打"的"时，请抢先坐在司机旁。

8.坚持在背后说别人好话，别担心这好话传不到当事人耳朵里。

9.有人在你面前说某人坏话时，你只微笑。

10.自己坐在私家车里，不要特地停下来和一个骑自行车的同学打招呼。人家会以为你在炫耀。

11.别人生病时，去探望他。很自然地坐在他病床上，回家再认真洗手。

12.不要把过去的事全让人知道。

13.尊敬不喜欢你的人。

14.对事不对人；或对事无情，对人要有情；或做人第一，做事其次。

15.自我批评总能让人相信，自我表扬则不然。

16.不要吝惜你的喝彩声。

17.不要把别人的好，视为理所当然。要知道感恩。

18.学会聆听。

19.尊重传达室里的师傅及搞卫生的阿姨。

20.说话的时候记得常用"我们"开头。

21.为每一位上台唱歌的人鼓掌。

22.有时要明知故问：你的手机很贵吧？

23.话多必失，人多的场合少说话。

24.把未出口的"不"改成："这需要时间""我尽力""我不确定""当我决定后，会给你打电话"……

25. 不要期望所有人都喜欢你，那是不可能的，让大多数人喜欢就是成功的表现。

26. 当然，自己要喜欢自己。

正确与同学交往

作为中学生，校园学习、生活构成了我们日常活动的主体。在学校里，我们中学生怎样才能把握同学间正常的交往呢？

其一，真心相待、诚心与共。对于同学之间的交往，真诚可以说是一块试金石。我们在校园里，每天都和同学进行着大量的交流，有学习上的相互切磋，有生活中的相互帮助，更有心灵的相互沟通。这都需要我们用真诚去维系。真诚是朴实的，它不需要慷慨激昂，也不需要华丽的辞藻，它是多年以后你我收到友人的明信片时的那份激动。

其二，学会理解与宽容。作为同学、作为朋友，我们要学会理解。当同学、朋友遇到挫折、苦闷、压抑时，他需要一个发泄情感的对象。如果我们能够真诚、耐心地倾听对方的诉说，就是对朋友莫大的理解。在倾听过程中，不时插上一两句富有情感的安慰话，引导他走出烦恼与不快的泥淖，他会觉得有你这样的朋友才是真的朋友。

其三，交往要有"度"。中国有句极富哲理的话："物极必反。"生活中，任何过了头的东西都会走向它的反面。同学间的交往也如此，交往过密，反而容易出现裂痕；而把握适当的"度"，才能使同学间的友谊成为永恒。

其四，要大胆说"不"。同学和朋友之间常有事相托，这是正常的。但有时相托相求的事超出你的原则范围和客观现实，面对此种情况，要果断地说"不"。同学朋友间交往，是互利互惠的，有思想交流、知识互补，还有情感的沟通等。如果将这种正常的交往当作功利性交往或一味地加以索求，我们也要勇敢地说"不"。

只要我们正确地把握同学朋友之间的交往，友谊就会长久；反之，友谊则如昙花一现，稍纵即逝。就让我们一起祝愿友谊地久天长吧！

友谊不拒绝功利

人际关系心理学家认为，互利是人际交往的一个基本原则。我们的社会提倡奉献和利他精神，但这是一种最高层次的人际交往境界，很难要求所有人都做到这一点。

人为什么需要与人交往呢？尽管每个人具体的交往动机各不相同，但最基本的动机就是为了从交往对象那里满足自己的某些需求。实际上，人际交往中的互惠互利也是合乎我们社会的道德规范的。

所谓互利原则，既包括物质方面的，也包括精神方面的。由于受传统观念的影响，过去人们交往中更愿意谈人情，而忌讳谈功利。事实上，人与人之间的交往需求是多层次的，粗略地可以分为两个基本层次：一个层次是以情感定向的人际交往，比如亲情、友情、爱情；另一个层次是以功利定向的人际交往，也就是为实现某种功利目的而交往。现实中人们时常会自觉或是不自觉地将这两种情况交织在一起。有时候即使是功利目的交往，也会使人彼此产生感情的沟通和反应；有时候虽然是情感领域的交往，也会带来彼此物质利益上的互相帮助和支持。还有，在人的各种交往中，有时是为了满足物质需求，有时则是为了满足精神的需求。换言之，人际交往的最基本动机就在于希望从交往对象那里得到自己需求的满足。这种满足，既有精神上的，也有物质上的。所以，按照人际交往的互利原则，人们实际上采取的策略是：既要感情，也要功利。

不管是感情还是功利，既然人际交往是互利的，是为了满足双方各自的需求，那么人际交往的延续就有一个必要的条件：交往双方的需求和需求的满足必须保持平衡。否则，人际交往就会中断。也就是说，人际交往的发展要在双方需求平衡，利益均等的条件下才能进行。

生活中常常见到有人抱怨朋友缺乏友情、甚至不讲交情。其实说穿了，抱怨的一方往往是由于自己的某种需求没有获得满足，而这种需要往往也是非常功利的。所以，我们不必一味追求所谓的"没有任何功利色彩的友情"，也不必轻率地抱怨别人没有"友情"。我们只需要坦率地承认：互利，是人际交往的一个基本原则；既要感情又要功利，是人际交往的一个常规策略；需求平衡、利益均等，是人际交往的一个必要条件。

当然，圣人除外。问题就在于我们多是凡人。就是做圣人，也该是自己先做圣人，而不该指望别人先做圣人。所以，当朋友之间的交往出现障碍时，我们还是先看看在人际交往上哪里出现毛病才是。

与积极的人为伍

多与生活态度积极的人在一起，你的生活才会可能积极起来，因为你周围的人暗示了你。在一个寓言故事：一枚鹰蛋被放到了一个母鸡的巢里。结果这枚蛋被母鸡孵化成了一只小鹰。这只小鹰自以为也是一只小鸡，每天做着与母鸡一样的事情，在垃圾堆里找食物吃，与其他母鸡嬉戏，像母鸡一样咯咯地叫。它从来没有飞过几尺高，因为母鸡们只能飞这么高。它完全认为自己就与母鸡一样。一天，它看见一只鹰在万里碧空中展翅翱翔，就问母鸡："那种美丽能干的鸟是什么？"母鸡回答说："那是一只鹰，它是一种非常了不起的鸟。你不过是一只鸡，不能像它那样飞，认命吧。"于是，这只鹰接受了这种观点，也不尝试着去飞，没有想过与母鸡们做不一样的事。由于没有鹰一去影响它，它只有与鸡群为伍，缺乏远见，结果丧失了鹰的特长，像鸡一样度过了自己的一生，也像鸡一样最后死去。多么可惜啊！它本来能像鹰一样地飞，但却习惯于周围母鸡的影响，最终造成了这种悲剧。

我们的生活也不有类似的不幸吗？本来你是优秀的，但你周围无用的人影响了你。就像奥利弗·温戴尔·霍母斯所说的一样，生活中最不幸的是，"大多数人带着未演奏的乐曲走进了坟墓"。由于缺乏积极影响你的人，缺乏一个远见卓识的人，我们难以取得卓越的成就。

如果你想像鹰一样在空中翱翔，你就得学会鹰飞翔的方法；如果你结交有成就者，你就将成为一个有成就的人；如果你结交思想家，你就将成为一个思想家；如果你结交给予者，你就将成为一个给予者；如果你结交爱发牢骚之人，你也将成为一个发牢骚者。近朱者赤，近墨者黑。

物以类聚，人以群分。生活积极的人，他们的心态会影响我们，而不是让那些消极的人用他们消极的话来干扰我们的行动。消极的人，他们由于不敢做什么事，总是把一些问题想得过于复杂，以至于不敢尝试。如果在你的身边有几个这样的人，你将受其影响而一事无成。有些人会说，当我做一件事，听听不同的意见是可行的，为什么就不能听这些谨慎的人的话呢？我们要知道，当一个人在做一件犹豫不决的事时，需要的是积极的支持。即使错了，也要给自己一个尝试的机会。没有人一定会成功，但没有尝试肯定不会成功。与积极者在一起，我们会学会尝试；与消极者在一起，除了谨慎有余外，还学会了犹豫。生活中，有这样的人，他们意志坚强，心境平和，同遇到的每一个人谈健康、快乐和成功。看到每一位朋友的独特之处，注意每一件事情的闪光一面。想最好的，做最好的，期待最好的。对他人的成功像对待自己的成功那样充满热情。忘却以往的过失，放眼未来，争取更大的成就。向每一个人展开笑颜。将全部心思用在提高自我上，没有时间去批评别人。雄心大志而无所畏惧，胸怀宽广而常乐无忧。如果在生活中你与这样的人接触，他们将助你成功。

正确对待友谊

中学时代是人生最美好的黄金时代，许多中学生渴望友谊、珍视友谊，并结成相互帮助、共同进步的知心朋友。在他们心中，友谊是那么纯真，那么美好，那么令人陶醉，你痛苦的时候我用阳光的语言告诉你：天空多么晴朗；我忧郁的时候，你用鲜花般的声音告诉我：人生多么美丽……这就是他们发自内心深处的对真正友谊的企盼与歌颂！

但同时我们也看到，少数中学生对友谊缺乏深刻的理解，在交友问题上不够清醒不够理智，以致走入误区。以下两种交友现象值得家庭、学校和社会广泛关注，更值得中学生们反思。

一、靠零花钱维系的友谊

中学生或多或少都有零花钱。他们的零花钱一部分用于个人消费，另一部分则用在交友上，一些中学生结交朋友，不是以彼此信任相互促进为基础，而是以吃喝玩乐或物质交换为纽带，建立起一种俗气且易碎的友谊。具体表现在：

（一）互请吃喝玩乐。如互相请吃零食、进食店、串门作客；互相请进游戏厅、娱乐场所等等。

（二）互赠纪念物品。如相互赠送贺卡、笔记本、玩具或其他物品。

以上这些交往，往往开始觉得新鲜刺激，到后来便慢慢失去新鲜感，落入敷衍应付的俗套。并且由于各自的经济基础不同，很容易使这种友谊"变味"：家庭条件优裕的学生易养成趾高气扬、指手划脚的习气，成为"大哥大"；家庭条件差的学生易产生唯唯诺诺甘听差遣的自卑心理，变作"跟屁虫"。个别人为了挽回面子和所谓的"平等"，不惜铤而走险，进行偷盗，谋取钱财，以供挥霍。如拿家里的粮食偷换零花钱，甚至翻墙入室到别人家行窃，养成偷盗恶习，此乃交朋结友缺钱花销所致。

友谊虽然往往通过物质来表现，但真正的友谊应该超越物质之上，像阳光下的两只杯子，自然而透明，或似一副对联的两边，互相映衬和补充。如果离开信赖、真诚和平等，友谊就会成为易碎物品，像玻璃器皿一样，得贴上"小心轻放"的标签。中学生中，朋友之间因为些许小事而分道扬镳甚至反目成仇的事屡见不鲜。某校初二两学生，原来可谓形影不离的铁杆哥们儿。甲学习差但家境好，乙家里穷但学习好，按理他们应该可以做相互帮助相互补充的长久朋友，但随着初三时学校分班，两人的友谊开始破裂。甲进差班，乙入优班，甲每次提着食品邀乙外出玩耍，均被乙以"学习任务重"为由而拒绝。某日，甲邀约未果，骂了一句："清高啥？不过我喂的一条狗！"然后将一袋子零食扔在呆若木鸡的乙的脚下，愤愤而去。两人从此变成陌路，毕业时连一句祝福的话也不愿给对方留下。多么遗憾啊，几年同窗情谊顷刻间付诸东流！我们在为这两位同学友谊破裂深表遗憾之余，应该做的就是告诉中学生朋友们，以物质作基础的友谊往往容易被时间、距离和误会所击碎。记住一句话，只要真心拥有，一瞬间也是天长地久。中学生朋友们。愿你所缔结的友谊之花，在真诚的呵护下永远盛开！

二、凭哥们义气建立的友谊

一些性格外向的学生在交友上往往很"潇洒"，认识不到几天，便称兄道弟，还像成人一样信誓旦旦："大哥的事就是小弟的事。小弟为大哥赴汤蹈火，在所不辞！"如此等等。在他们看来，友谊就是江湖上的哥们义气，有钱时大吃大喝就是"有福同享"，不讲原则为朋友两肋插刀就是"有难同当"。这种江湖式的友谊是最危险的，它有可能就是埋在校园里的一颗"定时炸弹"，一旦爆炸，将炸伤班规校纪，撞击国家法律。轻者互相包庇，为朋友掩护缺点错误，共同对付家长和老师；重则拉帮结派，为朋友大打出手，扰乱正常教学秩序和社会治安秩序。有以下几种类型：

（一）包庇型。朋友逃课，帮其撒谎；考试时相互配合共同作弊；朋友犯错，为其掩护、开脱，甚至甘当替罪羊等。有这样一个例子：两学生顺手牵羊偷自行车倒卖，被失主发现逮住其一，另一个溜掉。失主让他说出另一个学生姓名，得不到配合，只得交学校处理。不管学校领导和班主任怎样盘问，他都只承认自己一人所为，将错误全揽在一个人身上。后来发动周围的学生举报，才将此事了结。这位学生也真够"义气"，宁愿一人受罚也不愿吐出共同作案的朋友。但这不是义气，恰恰是害了自己也害了朋友。像这样包庇朋友，实际上是纵容朋友在犯错的路上越来越远。眼看朋友在错误的泥潭里越陷越深而不拉他一把，能是真正的友谊吗？

（二）还礼型。一位老师在一次期末监考时，发现一小个男生腋下的衣服高高耸起，以为其藏书作弊，哪知揭开衣服一看，竟是一把雪亮的西瓜刀。待考试结束，将其带到办公室询问，才知是准备帮人打架用的。问他为何参与打架，回答的话简单而干脆——"为了还个礼！因为他曾经帮我打过架。"朋友有难，应该帮助。但像这样带刀相帮打架以还礼是万万不可，因其后果不堪设想，甚至贻害终生。遇到这种情况，首先要冷静，千万别加入混战，还要劝说双方息事宁人，化干戈为玉帛。实在无能为力，要报告学校，报告老师，这样才算真正帮助朋友。

（三）帮派型。受不良社会风气和某些影视作品的影响，一些中学生在校园内甚至社会上网罗人员，以扩大自己的势力，还美其名曰"朋友多了路好走"。他们有的结拜成几兄弟几姊妹，有的则结成帮派，喝血酒、定帮规、立誓言，名号也取得响响亮亮，如"四大天王""八大金刚""十三太保"等等，在校园内外强借自行车，强收"保护费"，群斗群殴等。事端一旦发生，一挖就是数人，涉及校内校外。

以上几种靠哥们义气支撑的友谊，极其危险，如不及时加以制止进而会演变为犯罪团伙，这绝不是危言耸听。具有以上错误的友谊观和行为的学生，应及时反省，对友谊重新认识和评价，走上健康的友谊之路，交上真正的朋友。

中学生朋友，让我们共同思考并认识什么是真正的友谊吧！友谊是长途旅行中的一个座位，是黑夜里的一束光亮，是伸向落水者的一只手，是寒夜里的一声问候……

第六部分 青色橄榄

烦恼提交

昨天，不知是哪位男同学给我打来电话，是我妈妈接的。那同学一听不是我就把电话挂断了。好家伙，这下我妈妈如临大敌，一个劲儿审问我，好像男女同学打个电话就罪大恶极了。其实，我们之间的交往和友谊是纯洁美好的，哪有一些大人们担心的那些乱七八糟的想法。我妈妈开口就说不能这么早搞对象，真气死人了。有时候，同学们也起哄，真烦人。该怎样交往才能减少一些麻烦呢？

男女孩之间的交往，是性角色成熟的必由之路，甚至对整个人格的成熟都是必修课。科学研究发现，一个人的童年和少年时代从未有过与同龄异性的交往，不仅性角色意识会出现严重的障碍，整个人生都可能是一个悲剧。不过异性同学的交往不同于同性同学，总要多一些麻烦，特别当周围的人们往往不能以正确的态度来对待时。有这么几点建议你们可以考虑。

在交往方式上保持公开性。校内也好，校外也好，与异性同学交往应尽量公开进行，不要偷偷摸摸、羞羞答答，"犹抱琵琶半遮面"。因为事情越"保密"，别人就越好奇，越容易引起误解。

如果男同学打来电话，一听是大人的声音就挂断了，不是很容易让人起疑心吗？再有，也该注意一般情况下最好不与异性同学单独相处很长时间。

交往范围要增加广泛性。千万别把目光集中在某一个异性同学身上，那样不仅容易使自己想入非非，而且会一叶障目，无法领略更多异性身上的风采。

交往的范围过于狭窄，很可能会引起父母的猜疑，老师的批评，同学的议论……多交往一些人，多参加一些男女同学的集体活动，这是每位少男少女应注意的。

交往情感上要坚持适度性。与人交往，不论同性异性，都从喜欢或不讨厌对方开始。而男女同学之间的交往，更是以情感上的相互吸引为基础的，但要保持适度，不要投入太多的感情，不痴迷于对方，只把对方当作朋友，把自己与别人摆平位置，情感也就不至于向对方倾斜。

交往关系上保持距离感。男女同学在一起总不免谈天说地甚至追逐打斗，这也很正常，但应与异性伙伴保持适当距离，既要热情、亲切、随和、融洽，不拒人于千里之外，又要把握好分寸，做到近而不狎，疏而不远。比如，男女同学在一起，开玩笑不要忘乎所以，谈话应回避敏感的话题等等。这样，你们会切身感受到，由于保持了距离，彼此尊重，友谊才如淡淡的花香，回味无穷。

中学生与异性交往的特点

中学生在少年期进入第二个生长高峰，带来第二性征的变化。由于性激素的产生和增加，性意识的唤醒，自我意识增强，常想"我长得潇洒（漂亮）吗?""我聪明吗?"等，经常对着镜子"孤芳自赏"，并十分留意周围人的眼光、态度及对自己的评价，希望引起别人特别是异性的注意，因此在这个时候就特别注重梳妆打扮以及一言一行。

在与异性交往时，一方面表现出不安、羞涩和表面上的反感，另一方面又内心里关心、向往甚至爱慕异性，渴望与异性接近，喜欢悄悄议论异性。这是青春期少男少女的普遍现象。异性交往有利于情感的交流、智力的互补、个性的塑造和心理的健康，对每一个人来说，拥有异性的友谊是正常和必需的，要正确对待男女同学异性交往。但异性交往也存在不正常的现象，主要表现在两大方面：一是异性交往恐惧；二是早恋或有早恋的倾向。

中学生处在青春发育时期，同样需要正常的友谊和交往。同学之间，同样包括异性朋友之间，通过友好交往，互相交流思想和人生体验，求得互相帮助，互相激励，互相引导，共同上进。崇高的友情，是人类优美感情之一，是高尚的道德力量，是朋友之间共同进步的精神支柱。也是人生交往必不可少的一部分。缺乏友谊的人，往往性格孤僻，心理上寂寞，不健康。再说，伟大而崇高的友谊是没有性别年龄和职务的界限的。同样，男女之间的友谊也是很正常的行为。异性之间的自由交往也是社交自由、人身自由的重要组成部分，异性之间的友谊有益于性格互补，健康心理素质的完善。因此，正处于青春期的少男少女们也应当理直气壮地发展友谊，正常交往。

但是，友谊和爱情是有区别的，它们之间并没有隔着一条鸿沟。异性之间很有可能发展为爱情。等到了成年人之后，这种由友谊而发展的爱情是很正常的事情。而处于青春期的中学时代，是不应当发展为爱情的，应仅仅限于友谊的正常交往。那么，二者之间的界限又是什么呢？友谊是朋友之间的志同道合的深厚感情，是性格形成的联盟，是精神的默契，是朋友之间的互相帮助和扶持。而对于青春期的中学生来说，只能需要友谊，但绝不能涉足爱情。

异性交往恐惧

表现：内心渴望和异性交往，但又缺少胆量。和异性在一起总觉得不自然，手脚不知怎么放才好，内心很紧张，惴惴不安甚至脸红，常常觉得无话可说，缺少异性朋友。

原因：有这种情况的学生性格多为内向，平时沉默寡言。在渴望和异性接触时怕别人取笑，从而压抑自己，久而久之就不敢去接触了。有的是由于青春期的闭锁性所引起，没有及时从中走出来。有的是由于家庭的过度保护，限制了孩子的独立活动，容易使孩子形成恐惧和逃避行为；也有遗传因素的影响。

对策：这样的学生应该多参加集体活动，平时多表现自己。可以先和自己最熟悉的人在一起，然后在他们的带动下跟着一起去活动。学会培养自己的多种兴趣爱好，扩大自己的知识面，锻炼自己的能力，这样就让自己同样有话可说，有事可做，容易与别人融在一起。我们也可安排班上积极活跃的男女同学多关心、多接触有异性交往恐惧的同学，发掘他们的闪光点，培养他们的自信心。心理教师也可采用系统脱敏法对这种学生进行治疗，可这样操作：先让求询者和他熟悉的异性谈话，把谈话的时间一次次延长，直到能够自如控制为止；然后让求询者每天接触不同的异性，人数一天天增多，直到能够和异性自由交流为止。

早恋或早恋倾向

● 原因

不可否认，现在中学生早恋或具有早恋的倾向的越来越多，年龄越来越小，这是中学生所不应有的情况。引起这种现象的原因主要有：

1.生理的成熟没有带来相应的心理成熟。2.由于年龄增大，与父母之间不再是无话不谈，沟通和交流减少，心理距离越拉越大。认为在父母那里得不到理解，就在同龄人中寻找知音。而异性之间有感情互补的特点，容易把感情转移到异性上来。3.受影视媒体、不健康书籍及社会上一些不良习气的影响，随意模仿，或看到身边的同伴有了意中人，在从众心理的驱动下，与人攀比，以显示自己的本事。4.对学习不感兴趣，学习成绩不好，能力比不上别人，为了弥补失去的自尊心和虚荣心，便用找到异性朋友来借以自夸，解除心中的烦恼，得到精神上的寄托与安慰。5.中学生交往范围不广，看事物不全面，觉得身边某个人不错或某一方面出众，从而对他整个人都产生好感，企图拥有对方，却难以发现对方的缺点。6.在好奇心、神秘感和逆反心理的驱使下，家长、老师越是不让做的事便越想试试看。

● 不良影响

1.影响正常的学习和生活。中学时代是奠定人的一生的基础的关键时期，需要全力以赴投入其中。一旦出现感情的旋涡，必定要花费许多时间和精力，这个时候好像一切都不存在，对方就是一切，有的本来壮志凌云，但恋爱后，觉得有了生活的中心，便把对前途的追求抛在了脑后，只编织两人的世界，难以专心地去搞好学习。上课容易开小差，老想着对方。而中学的学习任务较多，于是成绩逐渐下降，荒废了学业。2.精神上易受损害，影响心理健康。女孩子心灵比较脆弱，在恋爱过程中难免会出现矛盾，出现摩擦甚至成为失恋者，留下心灵的创伤。女生很多承受不了这种打击，容易变得灰心丧气，丧失对生活的信心，对前途感到渺茫，从而破罐子破摔。3.影响身体健康。恋爱者常常有一日不见如隔三秋的感觉，老是想着对方，甚至"为伊消得人憔悴"。而失恋者更是痛不欲生，常常不吃不喝，也不想睡觉，显得无精打采，而中学生正是长身体的黄金时期，会对身体的正常发育造成损害。4.中学生的思想、人生观等都未定型，容易发生变化，女生的感情往往大于理智，一旦坠入爱河，容易受甜言蜜语的诱惑而轻信对方，把自己该有的纯真丢失了。5.对班级有影响。恋爱者对班级活动不关心，并影响其他同学。6.从后果看，中学生恋爱几乎没有成功的。过早进入恋爱误区所酿的都是苦果，不能拿青春赌明天。

有的中学生认为能从恋爱中得到安慰与鼓励，得到力量，我们不完全否认，但这些都是短暂的，且极少极少，与它的危害相比是微不足道。

● 对策

1.要分清友谊与爱情的区别。男女同学之间应存在正常的友谊，不要把友谊当成爱情而想入非非。2.转移注意力。把注意力转移到学习上来，认真搞好学习，或在烦闷的时候多干一些自己喜欢干的事，或与知心好友谈谈，不要老是往这方面想。3.树立远大的目标和切实可行的近期目标，把时间和精力放在对目标的追求上。4.多参加集体活动，在活动中充实自己。5.为对方的前途和自己的前途着想，为了不两败俱伤，都应从中摆脱出来。6.多交一些朋友，多看一些优秀的文艺作品，从中得到解脱。

总之，中学生在心理、生理、经济等方面都不具备恋爱的条件，因此要记住鲁迅的一句话："不要只为了爱——盲目的爱——而将别的人生的要义全盘疏忽了。"希望中学生能把握好自己生命的航向，让青春的花朵开得更加美丽、更加灿烂。

那么，对于异性间的交往，同学们又怎样才能避免走进"早恋"误区呢？

早恋，分散精力影响学习和进步。处在青春期的男女同学之间，常常情丝萌动，想入非非，这是性功能日趋成熟和性心理发展的必然结果。但是，这种心理不应再向前发展，更不能去付诸实践，卿卿我我，花前月下，传书递柬，甚至"海誓山盟"，这样，就进入误区了。之所以说是误区，是因为这种早恋行为，是十分有害的，不利于青少年身心健康成长。中学时期，是青少年的黄金时代，思想活跃，记忆力好，精力旺盛，接受力强，是人整整一生的长知识和学本领的关键时期，同时也是世界观、人生观的奠基期。学习是很艰苦的，需要付出巨大的脑力和体力劳动；要完成学业，必须聚精会神，刻苦努力，全力以赴，才能完成，要培养起良好的素质，也需要不断地积累追求和磨炼。而早恋是一种复杂的生理要求和强烈的情感交织，沉湎于此，就要付出很多时间和精力；让爱情占据了头脑，事业心、上进心和责任感就会被挤掉；多种爱好特长和有益的兴趣都被男女私情所取代。对异性的追求冲淡了对远大理想的追求，往往造成胸无大志，碌碌无为，以致荒废学业，虚度一生。

早恋盲目轻率，浪费感情，是一朵不结果实的花。中学时期，世界观、人生观还处在形成之中，对人、对事的看法都是幼稚的、肤浅的，不可能看得准，还没有进入社会问题，不可能正确地处理，往往是草率的、盲目的、片面的。爱的对象还在成长之中，还没有定型，还很难说将来怎么样。待到进入社会，经历了各种变化之后，早恋问题很难长期维持。当然，不能说中学时代相爱的恋人没有一对是最终结合的，但绝大多数是没有结果的，是一朵不结果实的并不美丽的花。其结果是浪费时间，浪费精力，浪费感情，有的还会造成心理创伤，甚至产生更为严重的后果。

早恋还容易受到社会上的坏人和流氓团伙的引诱，走上犯罪道路。社会上坏人和流氓团伙惯常利用"谈朋友"的手段拉青少年下水，最终陷入罪恶的深渊。青少年要努力提高警惕，不要进入这一误区。关键在于开始，一开头就要打住，不要滑下去。

如何把握友谊和爱情

中学生应如何把握友谊和爱情呢？怎样做到用理智控制感情，而不至于让友谊发展爱情呢？首先，注意异性同学之间最好是集体交往，集体约会，广泛地接触，避免两个人单独约会和过分接近。其次，应注意异性同学之间不要过多地涉及"性"的玩笑，不讲低级下流的话和传递这方面的信息。再次，应注意异性之间不要没有界限地相互打闹，挑逗、动手动脚，以免引起刺激。

当然，处在青春期的少男少女们，有时也会情不自禁地发出一些信号。如情书、纸条、约会等，这些事情的发生也不必大惊小怪，这都是性意识发展的结果，是很正常的现象。也属于个人的隐私，应当受到尊重。但是，发生这种事情的同学也一定要深思熟虑，权衡利弊，作出正确的选择。被追求的同学也一定要诚恳地告诉对方，中学生谈情说爱的后果是不好的，对双方都不利，还应保持同学之间的友谊，同时要为对方保守秘密。

对于进入早恋误区的青少年，老师、家长应当百般关怀，循循善诱地把他们引出误区，而不应当采取粗暴手段和歧视、鄙夷、打击的态度。

另一方面，青少年要进行自我调节，权衡利弊，为了自己的未来控制感情，作出正确的选择，毅然决然地冲出误区。

总之，青春期的中学生，要树立远大的理想，才能有创造事业的雄心壮志，才能有锲而不舍的追求，才能集中精力实现人生的价值。青春期的中学生，要保持清醒的头脑，健康积极向上的心理素质和高尚的道德情操，保持纯洁的友情，发展正常的交往。同时，既要发展兴趣，陶冶情操，又要自我克制，适当排解，避免走进"早恋"误区。

做被女同学尊重的男生

当男生开始意识到自己是"大人"了之后，便努力把自己装扮成一个男子汉大丈夫，不只希望成为男同学心目中的英雄，更希望成为女生佩服尊重的朋友。要真正实现这一目的，请男生从以下几点做起：

1.真正尊重女生。男女同学只有性别差异，并无高低之分，互相间应保持平等关系。比如文体活动、劳动卫生活动、学习竞赛活动都要充分体现出对女生的尊重。有些男同学见女生在班上出类拔萃了，便表现出不以为然的态度；见女生在班上名落孙山了，则表现出鄙夷之色，这是很让女生反感的。

2.不装花花公子。进入青春期之后，男生开始追求潇洒、气派、魅力了，但又不明白这些字眼的真正含义，而是刻意模仿那些张狂、浮华、刁蛮之徒。比如有些男生从蓄发留须抽烟酗酒开始，一直到吆三喝四斗殴闹事，以为这样一来便成了英雄豪杰，便会受到女生的注目。殊不知，这会令女生格外讨厌和害怕。

3.不侵扰女生的"禁区"。女生有封闭心理，也有许多不容男生窥知的隐秘。男生不要在此方面表现出太多的好奇心，不要追三问四，津津乐道。比如女生的年龄、家庭状况、亲戚关系、好恶习惯等，男生都不要过分关心。许多女生是不喜欢男生对她论长道短的。女生作为异性形象，更有男生不容涉足的领域。男生若不识相、不知趣，同样会被女生看轻。

4. 不要对女生有"异心"。有些男生一厢情愿地认为：我对女生有情，她自会对我有意。其实，进入青春期的女生虽有爱的渴慕，但多半只是些梦幻式的。她们并不希望付诸行动，甚至把现实中的恋爱视为"羞耻"。她们有时也欣赏男同学，甚至希望接近男同学，但一旦真的有人要与她"恋爱"，她会震惊不已，难以接受。结果会使本来很好的同学关系弄尴尬了，影响男同学的自身形象。

5. 培养粗放、刚强的风度。女性特点是细腻温柔，男性特点是粗放、刚强。所以男生在待人处世、行为方式、举止动作上要努力显示这一特点。这在女生眼里便是一种男性美。粗放就是大度、洒脱、心胸宽广、目光远大、不计较个人得失、情绪稳定、热情开朗。刚强就是耿直、坚毅、不屈不挠，表现出顽强的韧劲、很强的自信心和勇于进取的精神。

6. 注重内在形象塑造。真正的男性应是内涵丰富、智慧超人、才能卓越。一个平平庸庸、碌碌无为的男性，即使他表面强大，也是内心弱小；即使他外表华丽，也给人中看不中用的感觉。所以男生应利用在学校读书的大好时光认真学好功课，丰富知识，练就过硬本领，增加自己的分量。这样的男生给女生踏踏实实、稳重可靠、值得信赖的良好感受，才会受到普遍的尊敬和欢迎。

异性同学交往中应注意的事项

● 如何与异性同学正常交往

首先要端正态度，培养健康的交往意识，淡化对对方性别的意识，交往时自然就会落落大方。

其次，要广泛交往，避免个别接触。广泛交往有利于认识、了解更多的异性，对异性有一个基本的总体把握，并学会辨别异性，便于吸取多个异性同学身上的优点，利于自己的性格发展和人格塑造。

如果只进行有限的小范围个别交往，难免会"只见树木，不见森林"，限制自己的社交范围，对异性的了解不仅有限，可能还会失去与多数伙伴的接触机会，过早陷入"一对一"交往的感情旋涡。

所以，要通过丰富多彩的集体活动，有意识地在更广阔的人际范围内进行交往，在集体和小组为主的活动中，克服闭锁和消极等待心理，多关心帮助同学，特别要主动与不同性格的异性朋友交往，加深对异性同学的全面了解和理解，锻炼自己的适应性，与异性同学建立友好、合作的融洽关系。

● 在与异性交往中应注意些什么

1.言行举止要有分寸，对待异性不必过分拘束，也不要过分随便。一些不应开的玩笑、不应做的举动是要注意男女有别的。

2.衣着要整洁大方，同自己的身份相符，不要浓妆艳抹，也不要穿奇装异服，那样容易给人以虚浮轻薄之感。

3.要相互理解和尊重，要讲文明礼貌，自尊自爱，互尊互爱。待人要不卑不亢，宽容大度。

4.异性之间的交往应在集体活动的时间内，避免时间过晚或单独在一起。男女同学间的交往应该是公开的，只限于学习、工作和有意义的娱乐活动范围内，并应为大多数人所接受。

总之，与异性交往是一门科学和艺术，只有在不断地实践和学习中，才能使自己逐渐掌握其要领。我们应该积极、健康、大胆地参与到异性的交往活动中，不断提高人际交往能力。通过异性交往可以掌握适应社会的技巧，学习男女之间相处的礼仪和文明行为。

通过与异性的交往，可以帮助男生克服逞能好强，骄傲自满的不良心理；同时也可以帮助女生克服优柔寡断、感情脆弱等性格缺点，克服自卑感，树立自信心，通过相互交往，彼此学习，相互影响，完善自我。

青春期是人生发展的一个特殊时期。由于这一时期性发育开始，人的性别意识也开始觉醒和逐步形成。在性意识发展过程中，男女同学会产生一种彼此要求接近的需要，产生互相吸引的心理，特别希望异性注意自己并有好感。

向往异性本是青春发育期的一种正常生理反应和心理现象，是人的情感世界中美丽而珍贵的内容，男女同学相处，是中学生社会交往不可缺少的内容。

淡香更持久

——中学生异性交往的艺术

进入青春期的中学生，随着生理、心理发育的日益成熟，渴求与异性交往属于正当的心理需要。正常的异性交往可以使同学们从对方那里学到一些有益的东西，如消除对异性的神秘感，更好地理解自己的身份等等，这对健全个性是大有裨益的。但是异性同学间，只有适度的交往才能真正起到良好的促进作用。因此，同学们有必要学会把握异性交往的尺度，掌握异性交往的原则。

首先，要在思想意识中有正确的认识，就是与异性交往只要是建立在友情的基础上就是正常的。只要自己心中无杂念，心地坦然，光明正大地交往，大方而不拘谨，自然会消除与异性交往时那种紧张害羞的心理。

其次，同学们要把握一个交往的原则，就是宜泛、宜疏、宜短。男女生不适于只在个别人之间建立友谊，应当在集体活动中发展友谊，尽量扩大交往的范围，做到对所有的同学都一视同仁，不要明显地表现出远近亲疏之别；并且切忌与某一异性的交往时间过长，交往频率也不应过密。给自己更多的机会，了解各种气质、性格的异性同学，比较一下他们的优点，会发现异性同学的特点各不相同。

再有，与异性交往时还应选择好适当的场合、时间，注意自己在交往中的仪表、言谈和举止。正常的异性交往应当选择在集体中进行，在公开的场合下进行，而不应在夜晚的时候或人少的地方单独接触。在交往中仪态整洁大方，稳重而不轻浮，谈话时自然而不忸怩，端庄而不做作；举止严谨而不随便，热情而不庸俗，不做出任何超越朋友界限的事情。

以上便是关于异性交往的一些原则，希望大家能从中得到一些启示。真诚的异性朋友是非常难得的，关键在于我们如何去把握。中学生朋友们，在与异性同学交往时，请你记住一句话：花香越淡越持久。

如何克服与异性同学交往的不自在感

在中学阶段，青少年的第一性和第二性的特征逐步明显起来，进入了想和异性接近但却又表现出疏远的样子。在这种心态下，就会显得不自在。

那么，如何克服这种和异性间交往的不自在现象呢？有以下几种建议：

端正思想。要理解与异性交往和每个人交往是一样的必需的，无可非议的，有了这样的认识，会把异性间的交往看成人的成长中的必需的，会使情绪放松，就会显得大方而不拘谨。

尝试主动与异性交往。可以暗示自己要大胆地交往，并与异性进行交往，对交往有了信心，那么情感会变得自然。

经常和父母谈心，将自己的想法和要求主动告诉父母，让父母了解自己，这不仅是一种交往的需要，同时也是和父母沟通的需要。在父母理解自己的前提下和异性交往，不仅不会不自然，而且还可以增加友谊。

在与异性交往过程中，端正态度，正确认识，主动交往，争取大人的理解和帮助，这是解决异性交往不自在的好办法。

第七部分　陌生人

安全交往

青少年由于年龄小，社会经验少，往往容易上坏人的当，因此必须注意自身保护，避免被坏人拐骗和伤害。

要养成不占小便宜的良好习惯，与陌生人交谈要提高警惕。

养成放学后按时回家的好习惯，如有时不能按时回家，要设法通知家长。要记住家长的姓名、工作单位、家庭住址、电话号码，并学会如何打电话。

低年级学生应让家长接送，如家长有事不能按时来接，绝对不能跟陌生人走。单独在外，不接受陌生人的礼物和邀请，不轻信陌生人所说的甜言蜜语。陌生人让做的任何事情都不要做。遇到陌生人问路，指明方向、路程即可，切不可为其领路，尤其是在较偏僻的地方。出门绝对不要搭乘陌生人的车辆。女孩尽量不要晚上独自出门，夜晚外出或在陌生偏僻的地方行走时，应有大人陪伴，或多人一起行走。夜间单独走路，最好不要穿过分暴露的服装。遇到不怀好意的人挑逗或侵害要给予严厉斥责，并高声呼救，如果四周无人，又来不及逃脱，要设法同他周旋，拖延时间，或变换地方等候救援。切不可鲁莽与罪犯搏斗，以免招来杀身之祸。要记住犯罪分子的面貌特征，要设法得到犯罪分子的作案物证，以便公安部门侦破。

避免陌生人闯入家中。平时一人在家，要锁好院门、房门、防盗门、防护栏。出去玩要要关好门窗，千万别忘记锁门，防止盗贼潜入。钥匙要保管好，不要把钥匙挂在脖子上，要注意放在衣服里面，不要露在外面，以防坏人跟随入室。

遇到陌生人来访，千万不能先开门，再问来人是谁。同学们应做到：

先不要开门，并检查门是否锁好。

问来人是谁，来找谁，有什么事。

如果有人以推销员、修理工等身份要求开门，可以说明家中不需要这些服务，请其离开。

无论来人是否说认识你的家人，而你并不认识来人，千万不要告诉他任何事情，更不可让他进来。告诉来人有什么事可以留言。

遇到陌生人不肯离去，坚持要进入室内的情况，可以声称要打电话报警，或者到阳台、窗口高声呼喊，向邻居、行人求援，以震慑迫使其离去。

有陌生人打来电话问父母的情况，应做到：

1.首先问来电话的人是谁，有什么事。如果你并不认识来话的人，请不要告诉他任何事情。

2.如果来话人要你父母的电话、手机号码，请不要告诉他，你可以请来话人留下姓名、单位、电话及留言。

3.对于陌生人打来的电话，你最好不要让对方知道只有你一人在家。

只有在确认安全的条件下，才能和陌生人进行交往。下面，我们就来谈谈与陌生人如何交往吧。

自如地与陌生人交往

在建立人际关系网络时，最令人头疼的一件事大概就是怎样自如地和陌生人交往。

其实，与陌生人交往的最大障碍，就是自己的"心理障碍"，除此之外别无障碍。只要你回忆一下别人主动与你交谈时的内心的激动，就会明白无论是认识别人还是被别人认识，都是令人愉快的事情。

你可能有过这种经历：在一个相互都不熟悉的聚会上，90%以上的人都在等待着别人来与自己打招呼，他们也许认为这样做是最容易也是最稳妥的。但其他不到10%的人则不然，他们通常会走到别人面前，一边主动伸出手来，一边作自我介绍。

主动向别人打招呼和表示友好的做法，会使对方产生"他乡遇故知"的美好感觉和心理上的信赖。如果一个人以主动热情的姿态走遍会场的每个角落，那么，他一定会成为这次聚会中最重要最知名的人物。

有人说，大人物与小人物的最主要区别之一，就是大人物认识的人比小人物多得多。而大人物之所以能够认识更多的人，就是因为他们总是乐于和陌生人交往。从这一点上看，做一个大人物并不难，只要你能主动地把手伸给陌生人就可以了。

当你尝试着向陌生人伸过手去，并主动介绍自己时，你就会发现这比被动站在那里要轻松、自在多了。一旦这种做法成为习惯，你就会变得更加洒脱自然，朋友越来越多，事业也越来越兴旺发达。

美国前总统罗斯福是一个善于和人交往的能手。在早年还没有被选为总统的时候，有一次参加宴会，他看见席间坐着许多不认识的人。如何使这些陌生人都成为自己的朋友呢？他稍加思索，便想到了一个好办法。

罗斯福找到了自己熟悉的记者，从那里把自己想认识的人的姓名、情况打听清楚，然后主动走上前去叫出他们的名字，谈一些他们感兴趣的事。

此举使罗斯福大获成功。后来，他运用这个方法为自己竞选总统赢得了众多的有力支持者。

懂得怎样无拘无束地与人结识，是人们必备的一个社会生存技能，这能使我们扩大自己的朋友圈子，并使生活变得更丰富。而罗斯福所用的那种主动与陌生人打招呼并保持联系的办法，正是许多大人物都普遍采用的做法。

不过，这对一般人来说大概做起来并不容易。在现实生活中，许多人似乎都有一种"社交恐慌症"，其集中表现就是不愿意主动向别人伸出友谊之手。

美国一位著名记者怀特曼指出，害怕陌生人这种心理，我们大家都会产生，例如，在聚会上我们想不到有什么风趣或是言之有物的话可说的时候。在求职面试中拼命想给人留下好印象的时候。实际上，无论何时何地，只要我们遇到了素不相识的陌生人，心里都会七上八下，不知道该怎样打开话匣子。

然而，仔细想想，我们的朋友哪一个不是原来的陌生人呢？正因如此，所以怀特曼又说："世界上没有陌生人，只有还未认识的朋友。"假如运气好的话，和陌生人的偶遇还会发展成为忠贞不渝的朋友。

因此，我们必须有效克服"社交恐慌症"，这是与陌生人交往的最大障碍。

要想克服"社交恐慌症"，首先要克服的就是自卑感。哲人说："自卑就像受了潮的火柴。再怎么使劲，也很难点燃。如果一个人总是表现得犹犹豫豫，缩手缩脚，别人自然也认为你真的很无能，不愿和你交往。

自卑不仅会使自己陷于孤独、胆怯之中，而且会造成心理压抑，受这种心理的支配，人们就会越来越不敢主动去和陌生人交往，在社会上越来越封闭。

克服自卑感的方法有很多，最有效的就是对自己进行"心理暗示"的办法。

比如，在和陌生人交往感到恐慌时，你不妨想一想：我的社交能力虽然还不够好，但别人开始时也是这样的，不管做什么事，开始时都不见得能做好，多做几次就会更好了，其实大家都是这样的。

问题的关键在于，你必须敢于走出与陌生人交往的第一步。实践出真知，练习多了，你就会不再感到害怕、胆怯、腼腆、羞涩了。这样就会使自己的交往能力大大提高。

怎样给人良好的第一印象

当您新到一个地方，与素不相识的人初次见面，必定会给对方留下某种印象。这在心理学上叫作"第一印象"。从第一印象所获得的主要是关于对方的表情、姿态、仪表、服饰、语言、眼神等方面的印象。它虽然零碎、肤浅，却非常重要。因为，在先入为主的心理影响下，第一印象往往能对人的认知产生关键作用。研究表明，初次见面的最初4分钟，是印象形成的关键期。

怎样才能给人良好的第一印象呢？从根本上说，它离不开提高自己的文明程度和修养水平，离不开进行经常的心理锻炼。心理学家提出下面几条建议：

●显露自信和朝气蓬勃的精神面貌

自信是人们对自己才干、能力、知识素质、性格修养，以及健康状况、相貌等的一种自我认同和自我肯定。心理学家指出，一个人要是走路时步履坚定，与人交谈时谈吐得体，说话时双目有神，目光正视对方，善用运用眼神交流，就会给人自信、可靠、积极向上的感觉。

●待人不卑不亢

不亢，就是不骄傲自大。不卑，就是不卑躬屈膝，做出讨好、巴结别人的姿态。前者引起别人反感，后者则有损自己人格。

●衣着仪表得体

有些人习惯于不修边幅。这本来属于个人私事，不过在一个新环境里，别人对你还不完全了解，过分随便有可能引起误解，产生不良的第一印象。事实上，美国有学者发现，职业形象较好的人，其工作的起始薪金比不大注意形象的人要高出 8%～20%。当然，衣着仪表得体并不是非要用名牌服饰包装自己，更不是过分地修饰，因为这样反而给人一种油头粉面和轻浮浅薄的印象。

●言行举止讲究文明礼貌

比如，注意语言表达简明扼要，不乱用词语；别人讲话时，不随便打断；不追问自己不必知道或别人不想回答的事情，这会给别人以恶劣的印象了。

●讲信用，守时间

凡是答应人家的事，一定要办到。自己没有把握的事情，即使不便当面拒绝，讲话也要留有余地。为了讨好别人，明明办不到的事情也包揽下来，只会弄巧成拙，最终引起别人不满。讲信用还包括遵守时间，无论赴约、开会不迟到。要不然，也会给人做事不讲信用的感觉。

如何与陌生人交谈

中学生由于个人阅历浅，初次跟陌生人交谈，双方素不相识，没有任何相互了解的基础，如果自身不注意讲话的基本要求，双方就很难交流更谈不上沟通了。

切记，温和友善与彬彬有礼是与陌生人交谈的前提。只要以礼貌善和的态度进行交谈，双方就会很快地进入交流状态。如果要去拜访一位陌生人，应首先通过各种渠道探听对方的一些有价值的信息。与陌生人之间的交流应考虑到以下几点，仅供参考。

1.适当考措虑辞

有人认为，跟陌生人说话并没什么诀窍，想怎样说就怎样说。这种认识是不正确的。诚然，说话绝非写文章，不需要咬文嚼字，也不要斟字酌句，但也不能信口开河，想怎么说就怎么说。尤其在一些比较重要的交往中，怎样说好每一句话，主观上还是要经过一番考虑的。

2.神态自然大方

与陌生人说话，语气要亲切，言辞要得体，态度要落落大方。为了吸引对方的注意，并使言谈有声有色，增加感染力，在说话中要适当加一些手势，但不能给人手舞足蹈的感觉，那样就会适得其反。总之不能失大体。也不要用鄙薄自己来取悦于对方，这样做会伤失自尊，有损自己的人格，同时也会给对方发出错误的信号。在交谈中唯有以不卑不亢的态度去交谈，才有利于双方平等地交流思想感情，并可获得对方的信任和尊重。

3.认清自己身份

任何人在任何场合说话，都有自己特定的身份。这种身份就是自己当时的"角色"或"地位"。在学校里，对同学而言你是朋友；在家庭里，相对父母你是子女。因此在说话时一定要认清自己的身份，在和什么人说话。语言的表达一定要与你当时的场合、身份相称。

4.恳切提出请求

向陌生人提出请求或要求时语气要恳切、平和、平等。因为这是你提出的请求，对于对方来说并没有义务，或非得按你所说去做。即使要请人吃一顿饭，你也得很客气地邀请，比如"请您和我共进午餐（晚餐）好吗"？但你没有任何理由或摆出一副施恩于人的救世主架子。

5.交谈应变自如

随机应变，把握说话的主动权，看准说话的机会，并且要不失时机地介绍自己的情况，让对方充分了解自己。如果陌生人能从你的话中了解你豁达的性格，那双方的谈话会更愉快，更亲切。

6.寻找双方话题

寻找自己与陌生人之间共同的话题，以此找出双方的共同语言，引起共鸣，从而缩短双方差距。如果你对陌生人爱好的东西显示出浓厚兴趣，通过对方的爱好来表明自己的爱好，交谈也就会更顺利。

7.请勿当场揭短

有时会遇到对方的口才不好，甚至比较差，交谈起来比较困难，或一时就无法交谈，你可以先跟他谈一下无关紧要的事，让他心情放松，缓解他紧张的情绪，即使对方在谈话中有语言表达错误、逻辑错误等，不要当时当面当场指正，赶紧岔开此话题，可再以某一个话题重新开始。

8.挑选合适话题

与陌生人谈话时，要尽量避免那些容易引起争议的话题。当你选择了某个话题时，要密切注意对方的反应，一旦发现对方反应冷淡或有特殊的表情，应马上调整话题，只有这样才能保证谈话的顺利进行。

跟任何人交谈都没有固定的谈话模式，主要靠谈话人自己临场经验的恰当发挥以及驾驭谈话现场的能力。

总之，谈话语言要规范（或随乡入俗）；措辞要准确；语气要平和；态度要友善；表情要大方；身份要明确；话题要恰当；请求要恳切；应变要自如。

找到自己与陌生人的共同点

"陌生"就是人际心理的距离，你越是害怕与陌生人打交道，你的人际交往能力就越差，与别人的人际心理距离就越大。而如果懂得交往之道，生活中碰到的那些陌生人都可能成为一生的朋友，成为人生的一笔财富。

1.察言观色，寻找共同点

一个人的心理状态、精神追求、生活爱好等等，都或多或少地要在他们的表情，服饰，谈吐，举止等方面有所表现，只要你善于观察，就会发现你们的共同点。当然，察言观色发现的东西，还要同自己的情趣爱好相结合，自己对此也有兴趣，打破沉寂的气氛才有可能。否则，即使发现了共同点，也还会无话可讲，或讲一两句就"卡壳"。

2.以话试探险，侦察共同点

两个陌生人，为了打破沉默的局面，开口讲话是首要的，有人以招呼开场，询问对方籍贯、身份，从中获取信息；有人通过听言辞，侦察对方情况；有的以动作开场，边帮对方做某些急需帮助的事，边以话试探；有的甚至借火吸烟，也可以发现对方特点，打开口语交际的局面。

3.听人介绍，猜度共同点

你去朋友家串门，遇到有陌生人在座，作为对于二者都很熟悉的主人，会马上出面为双方介绍，说明双方与主人的关系，各自的身份、学校，甚至个性特点、爱好等等，细心人从介绍中马上就可发现对方与自己有什么共同之处。

4.揣摩谈话，探索共同点

为了发现陌生人同自己的共同点，可以在需要交际的人同别人谈话时留心分析、揣摩，也可以在对方和自己交谈时揣摩对方的话语，从中发现共同点。细心揣摩对方的谈话确实是可以通过找出双方的共同点，使陌生的路人变为熟人，发展成为朋友的。

5.步步深入，挖掘共同点

发现共同点是不太难的，但这只能是谈话的初级阶段所需要的。随着交谈内容的深入，共同点会越来越多。为了使交谈更有益于对方，必须一步步地挖掘深一层的共同点，才能如愿以偿。

寻找共同点的方法还很多，譬如面临的共同的生活环境，共同的工作任务，共同的行路方向，共同的生活习惯等等，只要仔细发现，陌生人无话可讲的局面是不难打破的。

与陌生人交谈的禁忌

有一类人是那种不怕陌生人的性格，就像"人来熟"，见到陌生人后，就不停地跟人家说话，这种情况通常会让人觉得有点唠叨。

打开话题的通用法则。陌生人开始说第一句话，也许是最大的烦恼。这里就教你两招通用的法则：

不断变换话题。和陌生人说话的话题跨度要大，从体育、明星八卦到交通状况，总有一个会让对方感兴趣。

多用试探语气。与陌生人初次见面，最好用征询、试探的语气。比如说你听对方口音像外地人，最好问："您是哪里人？"不要让对方只用"是的""对"这种话就可以回答你。所以，在与陌生人交流时，即使你很活泼外向，也要注意一些交往禁忌。

别说起自己来没完没了。让陌生人打开话匣子，可以从介绍自己开始，但不是让你炫耀，所以说自己的时候不要没完没了。有些人说自己的经历，喜欢反复详细地说，却没发现对方的笑容已经僵硬了。

敷衍对陌生人也有用。比如有人问你，你觉得这家餐厅装潢怎样？不妨先敷衍一下，待熟悉后再说出自己的意见。因为有可能问话的人是餐厅老板的亲戚呢。

关于钱的话题都是禁忌。虽然你知道不要问别人的家境，但你常常忍不住问人家身上衣服哪里买的？多少钱？尽管你是无心，但对方有可能因此而觉得尴尬，伤了自尊心。

内向的人如何与陌生人交往

内向并不是缺点，每一个内向的人都可以在不给自己太大压力的前提下，尽量往外向的方向发展。我给你一些实践性较强的建议：

接受并为你拥有的内向性格感到欣慰，从自己的性格中获取能量。外向者喜欢从执行中学习，而内向者喜欢从思考中学习；外向者喜欢通过讨论碰撞出思想的火花，而内向者希望经过静思达到创新的目的；外向者善于组织人和事，而内向者善于组织思想；外向者善于表达，而内向者善于感悟。

给自己设定一些"较外向但又不带来太大压力"的目标，例如，要求自己开会时发言，或一个月主动交一个朋友等等。这些计划最好有"可衡量的目标"，以督促自己执行。内向的人有时会怕丢面子所以放不开，或者有太重的防备心理，这就需要多练习，每天做一件想做但是又有一点"社交恐惧"的事情。

以诚待人。人的感情都是具有反射性的。你若希望别人对你和善，你首先要对别人和善；你若想别人对你付出真心，你首先要对他人付出真心。如果你能待人更真诚、主动、热心一点，随时随地以诚待人、将心比心，你就更容易被人接受和信任。你最终的目标是要更好地与人相处，但这并不代表你必须改变自己的性格。

利用你擅长的兴趣、嗜好去认识有共同兴趣的朋友，打开话题。或者，针对一些你想认识的人，找一些共同的话题。与人交流时，专注地听对方讲话，让对方知道你在听；在适当时间表达自己的意见。不过，注意朋友是终身的支柱，宁缺毋滥，千万不要交一些所谓的"酒肉朋友"，或与那些不是真心和你交往的人做朋友。

练习和陌生人搭话的能力。主动找人讲话时，不要那么在乎"面子"。如果一个人不理睬你，那就继续找下一个朋友，你不会有任何的损失。

参加一些社团，经过社团活动认识别人。在你所属的团体内去找朋友，如找同班同学一起念书、复习，向他们诚恳地求助，找一些共同进餐的朋友，有时我们会惊讶地发现，一旦我们愿意开口，身边愿意伸出帮助之手的人远远超过我们想象。

主动、开朗一点。要想结识有趣的人，必须先成为有趣的人；想成为有趣的人，就要主动和别人谈有趣的事，不要老是等着别人讲话。总是喜欢和人分享有趣事物的人，他的身旁必定有许多愿意倾听的朋友。不必刻意去"搞好人际关系"，能尊重他人，使人心情轻松，自然会受人欢迎。

要让自己更平易近人，学会微笑很重要。在所有的沟通方式中，"笑"的感染力是最大的。耶鲁大学的研究发现，"笑"的力量超过了所有其他感情，人们总会反射式地以微笑来回报你的微笑。

主动向别人释放善意，对帮助过你的人致谢，告诉对方他们在什么地方帮了你的忙。或许这样主动向外求助，然后以感谢回馈的方式可以开启一个交友的良性循环。

与人交流时，多听少说，倾听时要专注于对方所说的每一句话，让对方知道你在认真倾听，并且表现出你的确在乎对方的想法，在适当的时候坦诚地表达你的意见，渐渐地你就会发现很多人都会非常喜欢与你交往。

让陌生人与你一见如故

一般人很难做到与陌生人一见如故，但如果你能，那么你的朋友将会遍布各地，办事则会顺畅无阻，如鱼得水。反之，如果缺乏与初交者打交道的勇气，不善于跟陌生人交谈，那么你就会在交际中处处碰壁，做事也会时时不顺，如坐针毡，如登陡山。

那么，怎样才能跟初交者一见如故呢？下面介绍的几种开场白就能收到立竿见影的奇效。

●与对方初次见面

在见面之前，先商量好时间的具体安排，这是人际关系上应有的礼貌。同时，也要牢记面谈的计划重点。这些成功的基本要素只要应用得当，其收效会比心理战术更大。

与对方第一次见面时，客套话后，应该问对方："不知我能打扰您多长时间呢？"如果对方很忙，可先问他："能不能给我15分钟的时间？"这样问，对方会感到自己受尊敬，谈话也就能融洽顺利地进行了。每个人都想让别人觉得自己很忙、地位很重要，因此你必须表现出"占用你的宝贵时间"的态度，使对方感觉到"你很尊重我"而得到满足。只要对方满足，你的访问即使拖长一些，他也不会显示不满。

●妙用开场白

攀亲认友。这虽然不太被推崇，但实用性却非常强。通常，只要对一个素不相识的人作一番认真调查，都能找到或明或隐、或近或远的亲友关系，如果见面时再拉上这层关系，就能一下缩短心理距离，使对方产生亲切感。1984年5月，美国里根总统访问上海复旦大学。在一间大教室内，里根总统面对一百多位初次见面的复旦学生，他的开场白就紧紧抓住彼此之间还算"亲近"的关系："其实，我和你们学校有着密切的关系。你们的谢希德校长同我的夫人南希，都是美国史密斯学院的校友呢。照此看来，我和各位自然也就都是朋友了！"此话一出，全场鼓掌。短短的几句话，不仅推翻了国与国之间的隔阂，还增加了彼此间的友好，这段开场白可真妙啊！

扬长避短。因为面子问题，人们都喜欢别人赞美自己的长处。那么，跟初交者交谈时，应投其所好，以直接或间接的方式赞扬对方的长处作为开场白，就能使对方高兴，对你产生好感，交谈的积极性也就得到极大激发。反之，如果有意或无意地触及对方的短处，对方的自尊心受到伤害，交谈的效果就可想而知了。日本作家多湖辉所著的《语言心理战》一书中记述了这样一件趣事：被誉为"销售权威"的霍依拉先生的交际诀窍是：初次交谈一定要扬人之长避人之短。有一回，为了替报社拉广告，他拜访梅伊百货公司总经理。寒暄之后，霍依拉突然发问："您是在哪儿学会开飞机的？总经理能开飞机可真不简单啊。"话音刚落，总经理兴奋异常，谈兴勃发，广告之事当然不在话下，霍依拉还被总经理热情地邀请去乘他的自备飞机呢！

表达友情。别小看只言片语，有时正是因它才能办成事。比如肯定成就，赞扬品质，安慰不幸，话虽少，却能顷刻间暖其心田，感其肺腑。美国艾奥瓦州的文波特市，有一个极具人情味的服务项目——全天候电话聊天。每个月有近两百名孤单寂寞者使用这个电话。主持这个电话的专家们最得人心的是第一句话："今天我也和你一样感到孤独、寂寞、凄凉。"这句话表达的是对孤单寂寞者的充分理解之情，因而产生了强烈的共鸣作用，难怪许多人听后都掏出知心话向主持人倾诉。

添趣助兴。用风趣活泼的三言两语扫除跟初交者交谈时的拘束感和防卫心理，以活跃气氛，增添对方的交谈兴致，如果能做到这点，那么他的交际艺术就炉火纯青了。

天涯何处无朋友？交谈何必曾相识！要用三言两语便惹人喜爱、一见如故，关键是功夫要花在见面交谈之前。上述各例之所以成功，除了有高超的语言技巧，无一不是在未见其人之前早已了解他的大概情况。美国前任总统富兰克林·罗斯福跟任何一位来访者交谈，不管是牧童还是教授，不管是经理还是政客，他都能用三言两语赢得对方的好感。秘诀就是：罗斯福在接见来访者的前一晚，必花一定时间了解来访者的基本情况，特别是来访者最感兴趣的题目。这样，一交谈就能有的放矢，切中肯綮。不然，纵使有三寸不烂之舌，也只能是对"牛"弹琴了。

用最短的时间了解一个人

和陌生人第一次见面时，要如何在一开始谈话的几分钟内，了解这个人？如何和对方拉近距离？如何找到对方喜爱的话题？如何让对方愿意开口？

这都得依靠细心而入微的观察力，谈到这里就不能不提最近声名大噪的乔纳瓦罗。

他曾经担任美国联邦调查局干员长达25年时间，是反间谍情报小组的身体语言行为分析专家，如今退休后成为美国知名的扑克牌教练。赢得牌局的关键就是掌握70—30法则，其中70%来自阅人能力，赌博技巧仅占30%。

近期他出版了《牌桌上的阅人术》新书，借重他在担任探员期间测谎犯罪人士所练就的观察力，教导玩家如何透过眼神、肢体动作的观察，看透对方的心思，在牌桌上给予对方致命一击。

●观察力可以靠后天练习

首先最重要的，就是练习你的观察力，其中最有效的方法之一是"回想游戏"。你可以在任何时候、任何地方练习。例如，当你走进一个房间之后，闭上眼睛，尽可能回想走进房间之前你看到了什么，愈详细愈好。

时间久了，你也可以像纳瓦罗一样，走到朋友家的前门，就已经把周遭环境看清楚了：门前街道上停了哪些厂牌的车、隔壁房屋外有位男性在除草、另一间房子的门前放着两份报纸……

另一种练习方式则是更进一步，当你观察完周遭环境之后，还要再问自己，这些代表什么意义？例如，除草的人应该就住在那间房子里，因为门前的街道上没有停放任何除草维护公司的车辆。

答案正确与否不是重点，真正重要的是你必须训练自己，从观察到的线索中作出合理的推论。

而当你真正和对方面对面接触时，得随时保持警觉，任何细节都不能放过。纳瓦罗每次坐上牌桌，第一件事就是观察同桌的对手，包括他们的脸部表情、双手放的位置、坐姿、穿着打扮、发牌时出现什么样的脸部表情或动作。

更重要的是竞赛过程中，他会特别注意对手的行为是否出现异常。例如原本放在牌桌上的双手突然环抱在胸前或放在大腿上，可能代表情势变得对他不利。

一般我们在观察人时，习惯第一眼就看对方的表情，但是纳瓦罗却反其道而行，先观察对手的双脚动作，"脸部表情可以装，但是很少人知道如何伪装双脚的动作。"

其中一个线索就是双脚朝向的方向。根据许多针对法庭行为的研究显示，如果法官不喜欢某个证人，通常会将双脚朝向他们之前走进法庭时的大门。

同样地，当你和某个人说话时，如果对方的双脚朝向某个方向，而不是正对着你，就代表他想要结束这场对话。

如果对方突然双脚（脚踝之处）交叉，就代表他有些紧张或是觉得受到威胁。

如果对方将身体往后移，然后翘脚而坐，这就是自信的表现，代表情势对他非常有利。

●观察不寻常的动作

当然，观察不只限于刚碰面的几分钟而已，愈到中后段，愈能看到对方真正的行为反应。因为除非接受专业训练，否则过了一段时间，便会不经意露出马脚。

因此，在过程中你必须特别注意突然出现的异常行为。例如当人在紧张或是有压力时，常会不自觉做出某些动作：

1.触摸或按摩颈部：我们的颈部有许多神经末梢，只要稍加按摩，就可以有效降低血压与心跳速度，消除紧张。另外，按摩额头或是摸耳垂，也都是一般人紧张时会出现的动作。而如果男生拉着领带，或是女生玩弄颈上的项链，也代表同样的意思。

2.深呼吸或是话变多：深呼吸是立即平缓情绪的最简单方法，因此当你看到对方深呼吸，就知道他可能在压抑自己的情绪。或是在过程中对方不太爱说话，却突然话多了起来，也代表他的情绪开始变得不稳定。

3.用手放在大腿上：紧张时我们也会不自觉地双手放在大腿上来回摩擦，试图平缓自己的情绪，因此这个动作也是另一个重要的线索。

此外，有时候当你发现对方动作快速，决定很果断，通常这么做的目的是为了掩饰自己的没信心。真正有自信的人会深思熟虑，而不是不假思索就作出决定，急着展现自己的信心。

当你观察到以上的行为时，就可以依据情况决定自己是否要乘胜追击，迫使对方答应你的要求，或是说些话让对方放松，以利接下来的对谈。

然而，身体动作除了显示对方当下的状态之外，很多时候也是个性的展现。日本管理顾问武田哲男归纳出几种常见的习惯动作，反映了特定的个性与行为模式：

1.喜欢眨眼。这种人心胸狭隘，不太能够信任。如果和这种人进行交涉或有事请托时，最好直截了当地说明。

2.习惯盯着别人看。代表警戒心很强，不容易表露内心情感，所以面对他们，避免出现过度热情或是开玩笑的言语。

3.喜欢提高音量说话。多半是自我主义者，对自己很有自信，如果你认为自己不适合奉承别人，最好和这种人划清界限。

4.穿着不拘小节。也代表个性随和，而且面对人情压力时容易屈服，所以有事情找他们商量时，最好是套交情，远比透过公事上的关系要来得有效。

5.一坐下就翘脚。这种人充满企图心与自信，而且有行动力，下定决心后会立刻行动。

6.边说话边摸下巴。通常个性谨慎，警戒心也强。

7.将两手环抱在胸前。做事也非常谨慎，行动力强，坚持己见。

●多搜寻其他周边线索

不过，外表只是线索之一，你还可以从其他不同的来源，搜寻关于对方的重要信息。《冷读术》的作者石井裕之，提供了一些有趣的技巧，有助于摸清对方的个性。

首先，你可以从笔迹下手。在适当的机会，请对方在一张白纸上写下你要的信息，像是请他写下他的联络方式等。

如果字迹潦草而写字速度很快的人，工作速度也很快，但是通常比较马虎粗糙，因为他认为大略做好后再修改细节就行了。

写字谨慎而慢的人，工作时会一步步边确认边进行、非常仔细，但是如果催促他加快速度，就不能发挥应有的水平。

此外，手机吊饰也是很好的线索。吊饰复杂的人，通常朋友很多，是属于怕寂寞、喜欢热闹的类型。没有佩戴手机吊饰，即使有也是式样简单的人，不大喜欢一群人在一起吵吵嚷嚷，也不大重视表面的交友关系，只与少数能真正交心的人长久交往。

以上只是简单说明几种重要的观察方法，重要的是要靠经验的累积，只要平时多与人互动、多观察，你也能拥有惊人的阅人能力。

第八部分 交往礼仪

中学生文明礼仪

——公共礼仪

公共场所是指为社会公众提供服务的地方，如剧院、公园、商店、车站等。这些场所最容易显示出个人的文明礼貌程度，判断一个人究竟是知礼讲礼，还是粗俗无礼，最重要的就是观察他在公共场所的礼仪行为。作为一名中学生，应十分重视公共场所礼仪，自觉遵守社会公德，维持公共秩序，以较高的礼仪水准、良好的自我形象，对社会起示范作用。

●公共场所礼仪

一、在公园

1.保持公共卫生，不随手乱扔果皮、纸屑、饮料瓶罐。

2.自觉遵守规章制度，爱护公园的花草树木和娱乐设施，不能攀树折枝、掐花摘果、践踏草坪，也不要在古迹上刻刻画画。

二、在博物馆和美术馆

1.爱护展品

博物馆陈列的展品，大多数具有很高的价值，参观时，不随便触摸展品，特别注意不要碰坏展品和其他设施，不可任意使用闪光灯拍照，对于博物馆和美术馆的特殊规定，参观者一定要遵守。

2.文明参观

（1）进入博物馆和美术馆要将大衣、帽子以及旅游携带的杂物存放在衣帽间。不要戴帽子或者携带食品杂物进入展览厅，一边参观一边吃东西是不文明的举止。如果要喝水、吃东西可以到休息室去。

（2）展览厅内要保持安静的环境和良好的学术氛围，对讲解员的解说要专心倾听，遇到不懂的可以请教，但不要问个没完没了，惹人生厌。

（3）参观时也不要对展品妄加评论。如果你很欣赏某件展品，在不妨碍他人的情况下可以多欣赏一会儿；如果别人停住欣赏某件展品，而你不得不从他面前穿过时，一定要说"对不起"。

3.影剧场院

（1）到影剧院去看戏或看电影，应提前到场对号入座，如果自己的座位在中间，应当有礼貌地向已就座者示意，请其让自己通过。通过让座者时要与之正面相对，切勿让自己的臀部正对着人家的脸，这是很失礼的。

（2）应注意衣着整洁，即使天气炎热，袒胸露腹也是不雅观的。

（3）在影剧院要保持安静，不可大呼小叫，笑语喧哗，也不可把影院当成小吃店大吃大喝。

（4）演出结束后，应有秩序地离开，不要推搡。

四、体育运动场所

1.衣着。体育场所中的衣着一般是非正式的，以穿着适时、舒适为主，尤其是秋冬季的室外赛场，优先考虑的应是保暖。

2.入座。应准时到场，以免入座时打扰别人。观看比赛时，不能因情绪激动而用脚踩着座位看。

3.遵守秩序。观看体育比赛时要注意讲文明。可以在比赛中为你所喜爱、支持的运动员和运动队欢呼呐喊，但不要辱骂对抗的一队，以免和另一队的支持观众发生争执，更不要因不满赛况而向比赛场中投掷杂物，攻击裁判等。

4.退场。如果赛后有要事，可在终场前几分钟悄悄离去。若等到赛完才离去，就要按顺序退场，不要互相拥挤，以免人多发生意外。

● 公共生活礼仪

一、乘车礼仪

1.骑自行车：要严格遵守交通规则。不闯红灯，骑车时不撑雨伞，不互相追逐或曲折竞驶，不骑车带人。遇到老弱病残者动作迟缓，要给予谅解，主动礼让。

2.乘火车、轮船：在候车室、候船室里，要保持安静，不要大声喊叫。上车、登船时要依次排队，不要乱挤乱撞。在车厢、轮船里，不要随地吐痰，不要乱丢纸屑果皮，也不要让小孩随地大小便。

3.乘公共汽车：车到站时应依次排队，对妇女、儿童、老年人及病残者要照顾谦让。上车后不要抢占座位，更不要把物品放到座位上替别人占座。遇到老弱病残孕及怀抱婴儿的乘客应主动让座。

4.乘坐飞机：遵守规定，不带危险品登机。按照登机牌指定的座位就座，不要乱窜乱坐。与其他乘客应彼此谦让，和睦相处，不要寻衅滋事，不要乱动别人的东西，或是危言耸听。

二、乘坐电梯礼节

1.上下电梯的人较多时，应依次进出，尽量让妇女和老人先行，不要争先恐后，互不相让。

2.电梯空间较小，因此进入电梯后不要大声说话，不能乱丢垃圾。

三、购物礼仪

1.去超市或商场等公共场所，要着装合理整洁，不可穿睡衣、背心、拖鞋入内。

2.进超市购物，要按规定存包。

3.购物时，若对已选购的商品感到不满意，应主动将其放回原货架区，不能随意放置。贵重商品、水果蔬菜应轻拿轻放。

4.超市内的商品不能随意品尝、试用。若有一些可免费品尝的，也不可贪图小便宜，无休止地享用。

5.付账时要自觉排队，若购买物品较多时不可贪图快捷走绿色通道。

6.对售货员要有礼貌，要称呼其"阿姨""叔叔"，请不要用"喂""咳"等字眼把售货员呼来喝去。

7.对于售货员的热情服务要表示感谢，常说"谢谢""请"和"您"，您会得到更多的发自内心的笑脸。

● 外出旅游礼仪

一、旅游过程中的礼仪

1.要爱护旅游点的公共财物

（1）对公共建筑、设施和文物古迹，甚至花草树木，都要珍惜和爱护，不能随意损坏；（2）不能在柱、墙、碑等建筑物上乱写、乱画、乱刻。

2.要注意保持旅游点的环境卫生和静谧气氛

（1）进入旅游风景区不要大声喧哗，嬉笑打闹。（2）不要随地吐痰、便泄，弄污环境；不要乱扔果皮纸屑、杂物等等。

（3）对旅游区的工作人员要尊重，要服从他们的指挥。

3.要关心他人，注意礼让

（1）在景色好的地方拍照，要注意谦恭礼让，不要与人争抢占先。须知周到的礼数，方便他人的举动，常常能够赢得别人的好评和友谊。（2）凡是旅游点规定不准拍照的地方，则一定要信守规定，不要偷拍，免得造成不可弥补的损失。

4.要多为他人提供方便

（1）如行经曲径小路、小桥山洞时要主动让行，不要争先抢行。当游人多时，不能只顾自己躺在长椅上睡觉，也不要人坐在椅子靠背上而脚踩在凳面上。（2）见到老、弱、病、残、孕妇和怀抱小孩者主动让座，对他们应多加照顾。

二、宾馆住宿礼仪

1.文明入住。做任何事时注意动作要轻一些，避免打扰到隔壁邻居。

2.安全第一。入住宾馆，进入客房后应先阅读房间门后消防逃生路线图，熟悉所在房间的位置和逃生楼梯的方位。之后，要查看一下窗户和侧门是否锁好。旅行期间，只要可能就要将你所带来的贵重物品随身携带。

3.爱护设施。宾馆客房内备有供旅客生活使用的各种物品，使用时应予以爱护，不许用力拧、砸、敲，不慎损坏应主动赔偿。

4.保持卫生。在客房内衣物、鞋袜和垃圾不要乱扔乱放。

中学生文明礼仪

——学校礼仪

学生是学校工作的主体，因此，学生应具有的礼仪常识是学校礼仪教育重要的一部分。学生在课堂上，在活动中，在与教师和同学相处过程中都要遵守一定的礼仪。

● 日常交往礼仪

一、课外交往礼仪

1.出入学校大门

（1）在学校无论何时何地见到老师都要主动问好。学生应该面带微笑地一边问候，一边恭恭敬敬地行鞠躬礼，这是作为学生最基本的礼仪，不仅表现对老师的尊敬，也表现了自身的素养。

（2）进出校门要佩戴校徽或相关证件，校徽是学校的标志，应该坚持佩戴。

（3）进入校区要严守纪律，不搂腰搭肩，不互相追逐打闹，高声喧哗，骑自行车的同学进入学校要主动下车推行。

（4）遇到同学要主动问好，虚心接受门卫与值日同学的检查指正与督促。

（5）放学回家要遵守交通规则，还要向师长鞠躬致敬并主动道："老师，再见！"对同学也要道声"再见"。

2. 进出老师办公室

（1）不要唐突造访。作为学生随便出入教师办公室是很不礼貌的行为。唐突造访，冒失进入，不但影响自己要找的老师的工作，也会影响办公室其他老师的正常工作。进入老师办公室要先敲门，然后喊报告，在得到老师的同意之后，才能进入办公室。

（2）不要停留太久。老师每天既要钻研教材、备课，又要批改作业、试卷，还要和其他教师交流教学经验。每天的工作安排通常都是紧凑的、有计划的，如果学生在办公室里停留太久，就会打乱或影响老师的工作安排。

（3）不能随便乱翻东西。如果所找的老师不在办公室，不要乱翻老师的东西，这是对老师的不尊重、不礼貌，是非常不道德的行为，也是侵犯他人隐私的行为。

（4）不要大声说话。在教师办公室里说话要小声，轻声轻语，尽量保持安静。出入时要注意不要发出声响，尽量不影响其他老师的正常工作。离开办公室的时候，轻声地把门带上，并有礼貌地离开。

● 课堂教学礼仪

一、课堂礼仪

1. 课前做好上课准备，准备好相应的课堂用品，按时进教室等待老师上课。

2. 课上遵守课堂纪律，积极举手发言，态度端正，声音洪亮。

（1）课上坐姿要端正，注意力要集中，认真听讲，认真思考，认真做好笔记，独立完成练习，不看与本课无关的书报，不吃零食，不喝饮料，不说闲话或做其他与教学无关的事情。

（2）自习课上，同学应认真预习、复习，独立完成作业。不做其他无关事情，更不能随便走出教室，要始终保持教室安静。

（3）如在上课过程中对老师讲述的内容有异议时，最好下课后单独找老师交换意见，共同探讨。若非提不可时也要注意场合和说话方式。

（4）在课堂上没有得到允许不能随便说话，更不能随意离开座位或做出一些粗鲁无礼的行为。

（5）回答问题时，应先举半臂右手，经老师允许后起立发言，切不可坐在座位上，就冲口而出，在其他同学回答老师提问时，不要随便插话。别人回答错了，或者回答不出，不可在旁讥讽嘲笑，捣乱课堂秩序。陈述自己的观点，一定要声音洪亮、吐字清晰，让别人听清自己的观点。发言后，经老师允许方可坐下。当被问到答不出的问题时，切不可有抵触情绪。

（6）上课迟到应特别注意举止的文明和礼节的周到。站在教室门口用老师能听到的声音喊"报告"，经老师允许后，才能进入教室，适当时向老师主动说明迟到的原因。回座位时，速度要快，脚步要轻，以免再次影响他人。坐下之后，应迅速集中精力，取出课本和笔记，融入课堂气氛，静听老师讲课。

二、下课礼仪

1.下课铃响，老师宣布下课时，班长喊"起立"，每个同学都要及时起立，站直站好，双眼注视老师行注目礼，并鞠躬齐声问候"老师好！"或"老师再见！"以表示对老师辛勤劳动的感谢。待老师离开课堂或经老师允许再自由活动。如有听课老师，应先请听课老师退席，同学才能自由活动。

2.课后按时、认真、独立地完成老师布置的作业，并且认真体会老师在作业中悉心批改之处，这同样是对教师的尊重。

三、课间礼仪

1.课间休息时不得在教室里打闹；可放松身体坐在座位上休息，也可到走廊里或窗前远眺让眼睛放松一下。

2.课间言行举止要注意文明，严禁在走廊里乱跑乱撞，追逐打闹，大声喊叫，以及在路上吃零食。

3.课间在走廊等地遇到老师时，要主动给老师让路，并点头示意说："老师好。"

4.课间上厕所时应注意形象，遵守秩序，不可大声喧哗，不在厕所墙壁上乱涂乱画。

5.课间游戏要注意安全，文明高雅、相互谦让，可稍微活动，但不能影响下节课的上课质量。

6.课间要抓紧时间做好下节课的准备工作，如书籍、文具的准备，知识的热身等。

●同学交往礼仪

1.同学之间要平等待人，相互友爱，主动帮助有困难的人，尊重他人的生活习惯，遇到同学应主动打招呼，态度要热情、诚恳。

2.同学之间免不了相互借用东西，但是必须做到有借有还，不能随便乱用他人物品。要注意言行一致，说到做到。如有需要，应及时征求他人同意，不能自说自话，拿了就用。

3.同学相处要自尊自爱，不要热衷于接受他人的馈赠。

4.同学之间谈话要注意场合，掌握分寸，态度要诚恳、谦虚，真诚对待每一位同学，只有这样才能为他人所接受，并得到他人的尊重。

5.在集体生活中，要顾全大局，遵守规章制度，要按照大多数人的意志做事，千万不可我行我素。

●校园与公共空间

一、校园与教室

1.爱护校园的花草树木。校园是我们生活学习的地方，整洁的校园环境会让学生更好地学习，老师愉悦地工作。作为学生要爱护校园的一草一木，自觉保护校园环境。

2.爱护校园的体育设施。体育设施是为学生锻炼身体和进行体育活动所准备的，爱护体育设施是确保体育场地充分使用和身体锻炼的安全有效的保障，也是健康身体的必要保证。

3.爱惜教学设备。教学用具是教师为了更好地向学生传授知识的辅助教具，是沟通抽象和具象的纽带，学生应该自觉爱护这些公共财物。使用时要小心，拿时要稳，放时要轻。

4.讲究卫生保护环境。有些同学爱拿教师教学用的粉笔，在教学楼、教室的墙上乱涂乱画，这些都是不应该的。还有的同学没有良好的卫生习惯，随地吐痰，随手乱扔纸屑和食品包装袋，这些毛病也要努力克服。

5.举止要文明。校园活动时，有的同学在校园内追逐打闹，横冲直撞，高声喊叫，没有一点斯文的表现。在校园里，如果不是因为特殊情况是不能随意跑动的，因为学校里有很多人走路，如果不遵守秩序，乱跑乱撞是很容易出事故的。尤其是上下楼梯时更要按要求靠右慢行，千万不能骑在扶手上往下滑。

6.爱护桌椅，维护班级纪律和环境。不能在教室里追逐打闹；爱护桌椅，不能用小刀在桌子上刻划留纪念，杜绝灰色的"课桌文化"；不得高声喧哗，影响他人；同时更要做好值日保持整洁的卫生环境。

7.用语文明，不说脏话。无论是校园还是班级甚至其他公共场所，学生应该注意文明用语，不说脏话。对所有老师教职员工或学生无论年龄大小，认识与否都要有礼貌。

二、图书馆里的礼仪

1.出入图书馆要衣着整洁，不得穿拖鞋背心进入。

2.借书时要按先后次序排队，不要争先恐后，更不要后来居上；就座时，移动椅子不要发出声音，不要互相占座位，也不要抢占别人暂时离开的座位，更不要在室内座位休息和睡觉。

3.要保持室内安静，走路脚步要轻，避免将凳子弄出声响，阅读时不出声，力争少说话，不要和熟人高声谈笑，更不能大声喧哗。

4.注意保持室内卫生，不吃零食，不乱扔废纸，离开图书馆阅览室的时候，保持桌上干净，并轻声把座位放回原位。

5.查阅图书目录卡片时，不要把卡片翻乱、撕坏，也不能在卡片上涂画。阅览时不要往书本上划线，不要折角，更不能撕页。看书以前最好能洗一洗手，以保持书的整洁。

6.要爱惜图书和公物，桌椅上不乱刻乱画；图书要轻拿、轻翻、轻放。不能因自己需要某种资料而损坏图书，甚至私自剪裁图书，这是极不道德的行为。遇到有价值的资料，应与管理人员联系，复印或照相，决不可为了个人的利益，撕毁或私自占有图书资料。

7.对开架图书应逐册取阅，不要同时占有多份。阅读后立即放回原处，以免影响其他学生的阅读。借书应按期归还，"热门书"应速看速还，多为别人着想。

三、医务室里的基本礼仪

1.遵守秩序，依次排队，文明候诊。候诊时不要大声谈笑和随意走动，更不可在候诊室内随地吐痰和乱丢果皮、纸屑。当医务人员叫到自己的名字时，应该礼貌应答，随后到指定的位子坐下，不要犹豫拖拉，烦劳医生一再叫唤。

2.要听从医务人员安排顺序看病，不能因为急于看病而围在护士身边催促，从而影响医务人员工作。

3.尊重和信赖医生，切不可在诊疗区内与医生争吵不休。

四、食堂里的基本礼仪

1.依次排队，并及时帮助有困难的同学。

2.尊重炊事人员。打饭时，有的同学有时会因为炊事人员做的菜不合口味或认为炊事人员分饭菜不合理等原因而与他们争执起来，这也不符合中学生应有的礼仪。作为中学生，要试着宽容体谅他人，即便炊事人员有不妥，也应事后向学校管理部门反映，请求解决，切不可争执吵闹。

3.讲究卫生。吃饭时应坐下来，骨头、菜屑放一处，吃饭后再与剩饭剩菜一起倒在指定的地方。

五、住宿生礼仪要求

1.注意保持宿舍整洁，按轮值的方法定期打扫宿舍，冲洗地板、洗手间、桌子、门窗等。

2.自觉搞好个人卫生。盥洗用具、吃饭用具等要安放整齐，不与别人的靠叠一起，更不要随便混用，以减少感染疾病的可能。

3.不要擅自拿用他人东西，借东西要经主人同意，用后及时归还。若损坏，应照价赔偿。

4.重要物品不乱丢乱放，要安全可靠地放置在自己上锁的书桌内或箱内，以免因保管失当，造成遗失，引起同室舍友间的不信任情绪。

5.爱护宿舍内的公用物品，使用后要及时放回原处，不可乱丢。刮风下雨时要注意关好门窗，晚上睡前要记得关灯。

6.平时用电、用火要注意安全。熄灯后应立即休息，不要再点灯或蜡烛，以免影响舍友休息，甚至造成火灾。

7.宿舍内，应讲究语言文明，不可乱叫同学绰号，不可讲粗话或脏话。

●各种集会礼仪

学校里召开集体大会，一般规模比较大，就像是在一个特大的课堂上授课，参加的人数多、班级多，为了保证大会的顺利进行，客观上便要求每位同学都应更为严格地遵守纪律，顾全大局，遵守礼仪。不论是何种性质的集会同学们应该尽力做到：会前准时到场，快速整理队伍；会中聚精会神，保持良好状态；会后按序出场，服从他人指挥。

一、开学典礼

1.学生不要无故缺席，不要迟到早退，应随班集体提前到达会场，到指定位置就座。

2.当主持人宣布开学典礼开始或介绍学校各级领导和来宾时，在领导及教师、学生代表发言时，应适时地报以热烈掌声。

3.要注意认真听讲，不要交头接耳随意讲话，不要做与典礼无关的事情。

4.不要随地吐痰，不要乱扔杂物，要保持会场的清洁卫生。

参加会议

在学校生活中，我们经常有机会出席各种类型的会议。出席会议，务必遵守有关的会议礼仪。这样既表明自己态度认真，也表明对会议的重视。

1.参加会议时，特别是作为主持人、报告人参加会议，应着正装，不要穿便装。

2.遵守集会的纪律和公德。准时出席，不要迟到、早退，要在指定的位置就座，不任意离席，不要自由散漫，保持肃静全神贯注。不要闭目养神、听"随身听"、看小说、吃零食，也不要与身边之人交头接耳窃窃私语，更不能高声谈话，不传阅书报或讨论私人问题。

3.听讲时，双手放在两膝上，聚精会神，认真作笔记。

4.登台发言时，向领导、师长、来宾行礼，最后向观众行礼。遵守会议程序及规定，言简意赅，不要超过规定的时间。发言完毕，首先向听众行礼，再向领导、师长、来宾行礼。

5.讨论时应尊重对方意见，针对事情以理争辩，不能人身攻击，不可伤和气以免伤及感情。

6.要严格遵守关于会议时间、议程的规定。

7.如果是表彰会需要上台领奖时，要注意如下几点：听到宣布后要整理好自己的着装，衣服整洁，头发不乱。上台时步子轻快，大大方方，不能跑，也不能慢腾腾的。上台后要微笑地走向授奖人，立正站好行队礼或鞠躬礼，双手接过奖品并再次行礼。然后转过身向台下有礼貌地展示奖品，按秩序走下主席台。

二、开运动会

运动会是学校重要的活动之一。在运动会上无论观众还是运动员都要遵守纪律，注意礼仪。

1.运动会的一般程序：

开幕式：大会主持宣布开幕——运动员入场——奏国歌、领导致词——运动员裁判员发言——运动员退场——团体操表演。

进行比赛：按各项比赛内容顺序进行。

闭幕式：主持宣布开始——运动员入场——领导讲话——宣布比赛成绩——颁奖——主持宣布闭幕。

2.运动会的礼仪要求

（1）按时进退场，不随意中途离席。

（2）不要过分大声喧嚷，或施以嘘声讪笑、粗言辱骂之失礼行为，要适时、适度鼓掌，不起哄、不喝倒彩、不吃零食，要当文明观众。

（3）勿随意投掷空罐、纸屑、果皮、垃圾至比赛场地，影响比赛。

中学生文明礼仪

——家庭礼仪

家庭礼仪是指人们在长期的家庭生活中，用以沟通思想、交流信息、联络感情而逐渐形成的约定俗成的行为准则和礼节、仪式。我国传统的家庭道德标准是：人际和睦，勤俭持家，艰苦朴素，讲究礼仪。这是巩固和维护家庭正常关系的纽带，也是增强家庭凝聚力和工作、学习效率的强大精神支柱。通常所说的"父子和而家不败，兄弟和而家不分，乡党和而争讼息，夫妇和而家道兴"，可见"和（相互谦恭有礼）"是关键。为了建设团结和睦的家庭，使人们生活得更加幸福，我们必须学习和掌握家庭礼仪。

● 长辈与晚辈

孝敬父母，尊敬长辈，是做人的本分，是天经地义的美德，也是各种礼仪形成的前提，因而历来受到人们的称赞。孝敬父母要从如下做起：

1.主动关心问候，听从父母教诲。向父母、长辈问候致意，要按时间、场合、节庆不同，采用不同的问候。

2.理解照顾长辈，注意行事态度。经常主动地把生活、学习、思想情况告诉父母，有过错不要隐瞒、撒谎；对父母孝顺体贴，要言辞温婉，不顶撞父母，遇事与父母商量；即使受了委屈也要心平气和地解释，而不能与父母为敌。

3.分担父母忧虑，不给父母添乱。体谅长辈的艰辛，在父母生病或有困难时，尽力去关心照顾父母、协助父母；离家外出时应及时向父母汇报情况；承担一些简单的家务劳动，如餐后洗碗、扫地，整理自己的房间等。

● 待客与做客

在家庭礼仪中，不仅要和自家的亲人相处好，注意礼仪，还要有社交，其中迎来送往就是有很多的学问的。那么我们该如何当好主人和客人呢？

一、家庭待客礼仪

1.做好接待准备

（1）布置接待环境。家庭中接待客人的地方是一个家庭对外的窗口，要尽量把接待客人的房间布置得清洁、明亮、整洁，营造良好的待客环境，要有方便主客交谈的沙发、椅凳和放置茶水的桌子或茶几，让客人一进门就感到家庭的洁净和温馨。

（2）准备接待物品。招待客人的茶具、茶杯、烟灰缸，水果、小吃等要事先准备好。

（3）做好心理准备。接待客人还要做好心理准备，要从心理上尊重来客，善待来客，待人接物热情开朗、不要让客人一进门就感到你不欢迎他们来，而让自己及家人都留下"拒客"的不良印象。

另外，尊重来客还要注意自己的服装仪表，让客人感到主人家确实做好各种准备，是真心实意地欢迎自己。

2.接待工作

（1）有人敲门，应回答"请进"，或到门口相迎。客人进来，应起立热情迎接，并为客人安排座位，可用茶水、糖果等招待。

（2）若是你自己的朋友，初次来访时要向父母介绍，并把自己的父母也介绍给你的朋友；若是长辈来访，敬茶须用双手端送，放在客人右边。如果夏天酷热，要开电扇或是空调。

（3）吃饭时来客，应主动邀其一起用餐，如果客人申明吃过，先安排朋友就坐，找些书报或杂志给他看后再接着吃饭。

（4）接受客人礼品，应该道谢，但不可当场拆开食用或玩弄。

（5）客人来时，如自己恰巧有事不能相陪，要先打招呼，致以歉意，并安排家属陪着，然后再去干自己的事。

（6）客人提出告辞，表示要走时，可以婉言相留，希望其多坐一会儿，但要尊重他们的意愿，不能强行挽留，以免贻误他们的生活安排。

（7）送客要送到门外，并欢迎客人下次再来。

二、外出做客礼仪

1.去亲友做客首先要仪表整洁，尽可能带些礼品以表示对主人的尊重。

2.要掌握并且确定好具体时间，并届时如约而至，切记客随主便，以不干扰主人的生活与休息为原则，避免作不速之客。

3.进门前应先按门铃或是敲门，未经允许，切勿推门而入。雨伞等物，应留于室外或主人指定处。进门后，必要时应脱下大衣、帽子、手套，并换着拖鞋，然后在主人指定之处入座，未请坐，不可坐下，坐应讲究姿势，注意适当和自然。见到主人的其他家人或朋友应主动问候，不可不理。作客时，要彬彬有礼，举止稳重，要尊重主人的规矩和生活习惯。

4.去别人家做客，要搞清与主人的关系，明白怎样称呼主人，向主人致以问候。当主人端上糖果糕点、茶水时，应先道谢，然后用双手去接。

5.交谈时，要掌握好时间，了解对方的心情，不要强人所难，要谈吐文明，离开时要主动告别。如有新客到来，要等候新客坐稳，方能告辞。

6.在主人家不要不拘小节，不经主人允许，不能随意乱逛、乱翻、乱动摆设和物品，更不能任意开抽屉、柜子门、冰箱等。

7.告别时，注意向主人打招呼说"再见"，并对主人的热情招待表示感谢，如"今天真高兴"，也可邀请主人来家做客如"欢迎到我家去"。

三、就餐礼仪

1.盛饭时，不要盛得过满；端饭或端菜时，大拇指要向上翘起，不要让大拇指沾到饭菜上，不然很不卫生。端着饭菜，要走得慢一些，稳一点，不要让饭菜洒出来。

2.不要以口对着热汤吹气。有时端上桌的汤很烫，这时，应先少舀些汤尝一尝。如果太烫，可将汤倒入碗里用调羹慢慢地舀一舀，等汤稍许降温时，再一口一口地喝。

3.我们在与长辈一起用餐时，应等长辈入座后，才可以入座。坐下后不要随意走动，安静地等待用餐。双腿自然平放，坐姿自然。等长辈先拿碗筷后，自己再拿碗筷。

4.就餐时细嚼慢咽，嘴里不能发出声响，餐具要轻拿轻放，摆放整齐。如果饭菜够不着，可以轻声告诉长辈。别人给自己添饭菜，要说"谢谢"。

5.用餐时应注意礼让。端饭，要先端给爷爷、奶奶，再端给爸爸、妈妈，最后端给自己。如果有客人共同进餐，要先端给客人，再按照家人辈分的大小依次端上。端菜，要先把好吃的菜，合长辈口味的菜，摆放在靠近长辈的桌前。

6.按时就餐，不要家长或长辈再三邀请，吃好饭后离桌要说"大家慢慢吃"。

交际离不开礼仪

如果问一个不善交际的人"为什么不会交际呢"？他们中的大部分多半会回答："没有口才。"他们以为只要口才好就可以有效地与人交往了。其实，这种看法是片面的，人际交往中，交往传达的信息中除了语言信息，还存在大量非语言信息。心理学家总结出一个公式：人类信息表达的效果=7%语言＋38%声音＋55%体态语。如果把交际中的言语比作是陆地，那些非语言就是海洋，海洋比陆地更广阔深远。掌握非语言表达技巧会增进双方的交往，使交际更有效。

现将常用的非语言信息的意义介绍如下：

●微笑

在人际交往中，微笑是最富有魅力的，微笑是最具有社交意义的表情。善于交际的人在人际交往中常向别人投予富有感染力的微笑。微笑就是放松、从容、自信。一个友好、真诚的笑，使人如沐春风，它不仅是个人内心欢乐愉快的表现，更是对他人最好的鼓励。微笑是一种伟大的爱的表现，要学会毫不吝啬地把微笑当作礼物，奉献给别人，你将是一个有亲和力的人，受人欢迎的人。

●视线

眼睛是心灵的窗户，如果你在讲话时，即使对方不做声，但他眼神的变化如果与你的内容节奏合拍的话，说明你和他站在一个平台上沟通。眼神最能倾诉感情，沟通思想。在与人交谈时，目光应亲切注视对方，眼睛看着对方应注意两种视线，第一公事凝视，即在工作场合与人交往时，用眼睛看着对方双眼到额头这个区域，就会显得严肃认真。第二社交凝视，即在工作之余的交际场合，与人交往，视线投向双眼与嘴之间，当你看到对方这个部位时，会营造出一种社交气氛。

除此之外，在交际场合，还要注意读懂别人视线所表达的意思。如一旦被别人注视而将视线突然移开的人，大多怀有相形见绌的自卑感。对异性只看一眼就故意将视线移开的人，恰恰表明其愿意与之交往。

●倾听

沟通的品质取决于对方的回应，这就要求交际时要学会倾听。我们大多数人都认为自己会倾听，听的能力是天生的。其实，倾听跟阅读、书写以及说话一样，是需要认真学习的，倾听是心理和生理上的活动，有技巧地倾听对方的谈话可以让你了解说话人的感受，并作出正确的回答。

倾听的注意事项：（1）倾听主要情绪。弄清楚说话人及其感受是哪些感情因素的影响，注意对方是如何表达感受的，是通过某些具体的词还是通过非语言沟通，如语调、语气、形体语言。（2）把自己置于对方的位置，从对方的角度看问题，全盘考虑你所知道的有关这个人的工作和生活情况，这一分析将使你更加深刻地理解对方的感受。（3）身体倾听，倾听表示你应该全神贯注地听对方讲话。全身心投入能够表示你对对方的话很感兴趣，让你的身体向对方倾斜，以表现出你是全身心地听他讲话，正面对着讲话的人，脸上要有回应的表情，眼睛看着对方，不任意插嘴，双手切忌交叠在胸前。

●握手

握手作为一种人际交往中不可缺少的礼节行为，它具有很强的信息传递功能。由于交际背景不同，彼此关系的性质不同，同样是握手却可以表达不同的思想感情，传递特有的信息。握手时有这样几种基本形式：

先伸手可以表示主动、热情。

慢出手表示不情愿、冷漠之情。

紧握对方的手，眼睛盯着他的脸，对方会感到你从心底尊重他，欢迎他。

轻轻地握对方的手，眼睛又看着其他人，对方会感到难受、不满。

在人们普通的交往之中，握手是表示欢迎的基本礼仪形式。当双方见面时，当事人脸上显示出友好的笑容，把手伸向对方，体现对本次交际活动的重视；对方也会同时伸出手来，彼此相握，礼貌寒暄。这样就得体地拉开了一次交际过程的序幕。为了追求最佳的交际效果，每个交际者都应了解不同握手方式所包含的特定意义，借以更得体准确地运用它表达自己的思想感情；同时，又可以通过握手判断交际时对象的意向。

●仪态

群体由个人组合而成，个人在群体中的仪态不可忽视。在交际中，常有些人，他们说起话来摇头晃脑全身乱动，给人印象很差，以下15个交流中的体态语言，每个人都应该注意避免：

不要跷起二郎腿，并将翘起的脚尖冲着他人。

不要打哈欠、伸懒腰。

不要用手挖耳孔、鼻孔，不要剪指甲。

不要跺脚或玩弄手指，不要模仿他人的消极手势和姿态。

不要总看表，多注视对话者的眼睛。

不要将双手搂在头后。

不要将双臂交叉。

在交谈时不要将双腿叉开。

不要来回抖动大腿。

不要揉眼睛、搔头或过分昂头。

不要同他人坐得过近，或太远。

不要斜着眼睛讲话。

嘴中有食物不要讲话。

若想友好而亲密地进行交谈，不要对面而坐。

非语言信息并非仅有以上几点，还有诸如表情、手势、人际空间等多种方式。非语言信息是一个内在情感的外部表现，它通过肢体语言将有声的语言形象化、生动化，达到先"声"夺人、耐人寻味的效果。

加强个人礼仪修养的现实意义

如果说，个人礼仪的形成和培养需要靠多方的努力才能实现的话，那么个人礼仪修养的提高则关键在于自己。

个人礼仪修养即社会个体以个人礼仪的各项具体规定为标准，努力克服自身不良的行为习惯，不断完善自我的行为活动。从根本上讲，个人礼仪修养就是要求人们通过自身的努力，把良好的礼仪规范标准化作个人的一种自觉自愿的能力行为。今天，强调个人礼仪修养有着极为重要的现实意义。具体表现在：首先，加强个人礼仪修养有助于提高个人素质，体现自身价值。

"金无足赤，人无完人"是人所共知的。然而现实生活中，人们却都在以各种不同的方式追求着自身的完美，寻找通向完美的道路。争当"名牌"人，强调"外包装"者有之；注重"脸蛋靓"、在乎"身段好"者也有之，但这些均不足以使人发生美的质变。费时费力费钱财之后，不仍有不少人依然是"败絮其中"吗？我们认为，只有将内在美与外在美统一于一身的人才称得上唯真唯美，才可冠以"完美"二字。加强个人礼仪修养是实现完美的最佳方法，它可以丰富人的内涵，增加人的"含金量"，从而提高自身素质的内在实力，使人们面对纷繁社会时更具勇气，更有信心，进而更充分地实现自我。

其次，加强个人礼仪有助于增进人际交往，营造和谐友善的气氛。

个人礼仪是人际交往的"润滑剂"。作为社会的人，我们每天都少不了与他人交往，假如你不能很好与人相处，那么在生活中、事业上就会寸步难行，一事无成。俗话说："礼多人不怪。"人际交往，贵在有礼。加强个人礼仪修养，处处注重礼仪，恰能使你在社会交往中左右逢源，无往不利；使你在尊敬他人的同时也赢得他人对你的尊敬，从而使人与人之间的关系更趋融洽，使人们的生存环境更为宽松，使人们的交往气氛更加愉快。

第三，加强个人礼仪有助于促进社会文明，加快社会发展进程。

人与社会密不可分，社会是由个人组成的，文明的社会需要文明的成员一起共建，文明的成员则必须要用文明的思想来武装，要靠文明的观念来教化。个人礼仪修养的加强，可以使每位社会成员进一步强化文明意识，端正自身行为，从而促进整个国家和全民族总体文明程度的提高，加快社会的发展。"国家兴亡，匹夫有责"，在改革开放不断深化之际，我们每一位社会公民都有理由以自觉加强自身的品行修养（尤其是礼仪修养）为己任，一同投身于社会主义的两个文明建设之中。

个人礼仪小总结

几千年的人类文明史证明，人们对文雅的仪风和悦人的仪态一直孜孜以求。而今，随着现代社会人际交往的日渐频繁，人们对个人的礼仪更是倍加关注。从表面看，个人礼仪仅仅涉及个人穿着打扮、举手投足之类无关宏旨的小节小事，但小节之处显精神，举止言谈见文化。个人礼仪作为一种社会文化，不仅事及个人，而且事关全局。若置个人礼仪规范而不顾，自以为是，我行我素，必然授人以柄，小到影响个人的自身形象，大到足以影响社会组织乃至国家和民族的整体形象。事实如此，绝非无病呻吟，耸人听闻。

我们强调个人礼仪，倡导现代文明，旨在提高个人礼貌素养。强化公民的文明观念。良好的礼仪风范，出众的形象风采，是我们自尊尊人之本，更是我们立足、立业之源。

●个人礼仪的基本特征

个人礼仪的基本特征概括起来讲有五个方面：

第一，以个人为支点。个人礼仪是对社会成员个人自身行动的种种规定，而不是对任何社会组织或其他群体行为的限定。但由于每个群体都是由一定数量的个体所组成的，每一个社会组织也都是由一定数量的组织成员所构成的。因此，个人行为的良好与否将直接影响着任一群体、社会组织乃至整个社会的生存与发展。从此意义看，我们强调个人礼仪，规范个人行为，不仅是为了提高个人自身的内在涵养，更重要的是为了促进社会发展的有序与文明。

第二，以修养为基础。个人礼仪不是简单的个人行为表现，而是个人的公共道德修养在社会活动中的体现，它反映的是一个人内在的品格与文化修养。若缺乏内在的修养，个人礼仪对个人行为的具体规定，也就不可能自觉遵守、自愿执行。只有"诚于中"方能"行于外"，因此个人礼仪必须以个人修养为基础。

第三，以尊敬为原则。在社会活动中，讲究个人礼仪，自觉按个人礼仪的诸项规定行事，必须奉行尊敬他人的原则。"敬人者，人恒敬之"，只有尊敬别人，才能赢得别人对你的尊敬。在社会主义条件下，个人礼仪不仅体现了人与人之间的相互尊重和友好合作的新型关系，而且还可以避免或缓解某些不必要的个人或群体的冲突。

第四，以美好为目标。遵循个人礼仪，尊重他人的原则，按照个人礼仪的文明礼貌标准行动，是为了更好地塑造个人的自身形象，更充分地展现个人的精神风貌。个人礼仪教会人们识别美丑，帮助人们明辨是非，引导人们走向文明，它能使个人形象日臻完美，使人们的生活日趋美好。因此，我们说，个人礼仪是以"美好"为目标的。

第五，以长远为方针。个人礼仪的确会给人们以美好，给社会以文明，但所有这一切，都不可能立竿见影，也不是一日之功所能及的，必须经过个人长期不懈的努力和社会持续不断的发展，因此，对个人礼仪规范的掌握切不可急于求成，更不能有急功近利的思想。

●个人礼仪的内涵

个人礼仪是社会个体的生活行为规范与待人处世的准则，是个人仪表、仪容、言谈、举止、待人、接物等方面的个体规定，是个人道德品质、文化素养、教养良知等精神内涵的外在表现。其核心是尊重他人，与人友善，表里如一，内外一致。

我们今天所提倡的个人礼仪是一种文明行为标准，其在个人行为方面的具体规定，无一不带有社会主义精神文明高尚而诚挚的特点。讲究个人礼仪是社会成员之间相互尊重、彼此友好的表示，这也是一种德，是一个人的公共道德修养在社会活动中的体现。"行为心表，言为心声"是众所周知的，个人礼仪如果不以社会主义公德为基础，以个人品格修养、文化素养为基础，而只是在形式上下工夫，势必事与愿违。因为它无法从本质上表现出对他人的尊敬之心、友好之情，因而也就不可能真正地打动对方，感染对方，增进彼此间的友谊，融洽彼此间的关系。那些故作姿态、附庸风雅而内心不懂礼、不知礼的行为，或人前人后两副面孔的假文明、假斯文行径均属"金玉其外，败絮其中"者所为，众人将对此嗤之以鼻。"诚于中则形于外"，只有内心具备了高尚的道德情操，才能有风流儒雅的风度，只有有道德、有修养、有文化、有学识的人才能"知书达礼"，才能严于律己，宽以待人，自觉按社会公德行事，才能懂得尊重别人，就是等于尊重自己，懂得遵守并维护社会公德，就是为自己创造一个文明知礼、轻松愉快的生活环境的道理，才能真正成为明辨礼与非礼之界限的社会主义文明之人。

对个人来说，个人礼仪是文明行为的道德规范与标准，就国家而论，个人礼仪乃属一种社会文化，它是构成社会主义精神文明的基本要素，也是一个国家文化与传统的象征，更是一国治国教民的经典。素有"礼仪之邦"美誉的中国，从古至今一直就十分崇尚"礼"，也极为重视礼仪教化。历代君主、诸路圣贤均把礼仪视作是一切的准绳，认为一切应以礼为治，以礼为教。关于个人礼仪与社会文明的问题，我们的先人也有过不少的论述。如《论语·为政》中说："道之以政，齐王以刑，民免而无耻；道之以德，齐王以礼，有耻且格。"其大意为：用政权推行一种"道"，并用刑律惩处违"道"者，老百姓想的是如何逃避惩处而不看行为的对错和荣辱，用德来推行"道"，以礼教化人民，老百姓懂得对错、荣辱，并会自觉地遵守之。这十分清楚地说明了在古代，人们对个人礼仪所产生的社会效应就有了较为深刻的理解，《天子》中的"礼仪廉耻，国之四维"，更明白、直接地将"礼"列为立国四精神要素之首，也可见其突出的社会作用。无数事实证明了个人礼仪对一个社会的净化与美化起着积极的作用。个人礼仪所形成的一种具有较强约束力的道德力量，使每一位社会成员能够自觉按社会文明的要求，调整行为，唾弃陋习，最终将自己的言行纳入符合时代之礼的轨道，以顺应社会发展的潮流。可以说，个人礼仪从一个侧面也反映了一个社会的文明程度。

由此可见，个人礼仪不仅是衡量一个人道德水准高低和有无教养的尺度，而且也是衡量一个社会、一个国家文明程度的重要标志。

●个人礼仪的培养与形成

我们已知道，良好的个人礼仪、规范的处世行为并非与生俱来，也非一日之功。是要靠后天不懈努力和精心教化才能逐渐地形成。因此，可以说个人礼仪由文明的行为标准真正成为个人的一种自觉、自然的行为的过程是一个渐变的过程。而完成这种变化则需要有三种不同的力量，即个人的原动力、教育的推动力以及环境的感染力。

●个人的原动力

个人的原动力，亦称个人的主观能动性，它是人的行为和思想发生变化的根本条件，也是人提高自身素质，形成良好礼仪风范的基本前提。作为社会个体，我们每个人只有首先具备了勇于战胜自我、不断完善自身的思想意识，才能发挥自己的主观能动性，行动中才可能表现出较强的自律性，自觉克服自身的不良行为习惯，自觉抵御外来的失礼行为，与此同时，努力学习，不断进取，使个人礼仪深植人心，真正成为优良个性品质的重要组成部分。所以说，个人礼仪的形成需要个人的原动力，需要个人的自律精神。

日常交际的礼仪用语

交际是一门艺术，要讲究礼仪，不同的场合都要注意礼貌用语。

初次见面应说：幸会。

看望别人应说：拜访。

等候别人应说：恭候。

请人勿送应用：留步。

对方来信应称：惠书。

麻烦别人应说：打扰。

请人帮忙应说：烦请。

求给方便应说：借光。

托人办事应说：拜托。

请人指教应说：请教。

他人指点应称：赐教。

请人解答应用：请问。

赞人见解应用：高见。

归还原物应说：奉还。

求人原谅应说：包涵。

欢迎顾客应叫：光顾。

老人年龄应叫：高寿。

好久不见应说：久违。

客人来到应用：光临。

中途先走应说：失陪。

与人分别应说：告辞。

赠送作用应用：雅正。

道歉的礼仪

有道是"知错就改"，人不怕犯错误，就怕不承认过失。在人际交往中，如果自己的言行有失礼不当之处，或是打扰、麻烦、妨碍了别人，最聪明、最得体的方法，就是及时要向对方道歉。

比如说，因为不了解实际情况，而错怪了别人，就应当胸襟坦荡一些，在确定自己错了之后，绝不能文过饰非，将错就错，一错再错，而应当马上以适当的方式向别人真心实意地道歉。这样才会被原谅，才能真正体现出自己的风度和风范。

道歉的好处在于，它可以冰释前嫌，消除他人对自己的恶感，也可以防患于未然，为自己赢得朋友和伙伴。

在人际交往中，需要注意的道歉的技巧：

一、道歉语应当文明而规范。有愧对别人的地方，就应该说："深感歉疚"，"非常惭愧"。渴望别人的原谅，就可以说："多多包涵"，"请您原谅"。有劳别人，可以说："打扰了"，"麻烦了"。一般的场合，也可以讲："对不起"，"很抱歉"，"失礼了"。

二、道歉应当及时。知道自己错了，马上就要说"对不起"，否则越拖得久，就越会让人家"窝火"，越容易使人误解，而且你也越不好开口。为一件五百年前的事情道歉，实在没什么大意义。

三、道歉应当大方。道歉绝非耻辱，应当大大方方，堂堂正正。不要遮遮掩掩，也不要过分贬低自己，说什么"我真笨"，"我真不是个东西"（除非你们的关系"非同寻常"），这可能让人看不起，也有可能被人得寸进尺，欺软怕硬。

四、道歉可以借助于"物语"。有些道歉的话当面难以启齿，给对方写一封信也可以。对西方女士来说，最好的道歉方式，就是送上一束鲜花，婉"言"示错。这类借物表意的道歉"物语"，会有很好的反馈效果。

五、道歉并非万能。不该向别人道歉的时候，就千万不要向对方道歉。不然对方肯定不大会领你的情，搞不好还会因此而得寸进尺，为难于你。即使有必要向别人道歉时，也要切记，更重要的，是要使自己此后的所作所为有所改进，不要言行不一，依然故我。让道歉仅仅流于形式，只能证明自己做人缺乏诚意。

拨打电话的礼仪细节

电话称得上是一个人的声音名片了。在交往中，普普通通的接打电话，实际上是在为通话者所在的单位、为通话者本人绘制一个给人深刻印象的电话形象。

所谓电话形象，即人们在通电话的整个过程之中的语言、声调、内容、表情、态度、时间感等的集合。它能够真实地体现出个人的素质、待人接物的态度以及通话者所在单位的整体水平。

与日常会话和书信联络相比，接打电话具有即时性、经常性、简洁性、双向性、礼仪性等较为突出的特点。所谓即时性、经常性、简洁性、双向性都不难理解，而所谓礼仪性却不能够不为之"正名"。

电话的礼仪性特点，直接与前面提到过的"电话形象"密切相关。它指不论是打电话还是接电话，都必须以礼待人，克己敬人。假如不注意在使用电话的过程中讲究礼貌，先敬于人，无形之中将会使自己的人际关系受到损害。

使用电话通讯，有主动地拨打电话与被动地接听电话之别。从礼仪方面来讲，拨打电话与接听电话时有着各自不同的标准做法。

拨打电话时，对一个人的电话形象影响最大的，当首推他自己的语言与声调。从总体上讲，应当简洁、明了、文明、礼貌。

在通话时，声音应当清晰而柔和，吐字应当准确，句子应当简短，语速应当适中，语气应当亲切、和谐、自然。

有一点务必请注意：打电话时，嘴部与话筒之间应保持三厘米左右的距离。这样的话，对方接听电话时，才能听得最清晰。

打电话时所使用的语言，应当礼貌而谦恭。应尽快地用三言两语把要说的事情说完。应遵循"通话三分钟"原则。

打电话时，每个人开口所讲的第一句话，都事关自己给对方的第一印象，所以应当慎之又慎。

得知要找的人不在，可请代接电话者帮叫一下，也可以过后再打。无论如何，都不要忘了说话要客客气气的。

在通话时，若电话中途中断，按礼节应由打电话者再拨一次。拨通以后，须稍作解释，以免对方生疑，以为是打电话者不高兴挂断的。

当通话结束时，别忘了向对方道一声"再见"，或是"早安""晚安"。按照惯例，电话应由拨电话者挂断。挂断电话时，应轻放。

中餐礼仪

餐饮礼仪问题可谓源远流长。据文献记载可知，至少在周代，饮食礼仪已形成一套相当完善的制度，特别是经曾任鲁国祭酒的孔子的称赞推崇而成为历朝历代表现大国之貌、礼仪之邦、文明之所的重要方面。

现代较为流行的中餐宴饮礼仪是在继续传统与参考国外礼仪的基础上发展而来的。其座次借西方宴会以右为上的法则，第一主宾就坐于主人右侧，第二主宾在主人左侧或第一主宾右侧，变通处理，斟酒上菜由宾客右侧入行，先主宾，后主人，先女宾，后男宾。酒斟八分，不可过满。上菜顺序依然保持传统，先冷后暖。暖菜应从主宾对面席位的左侧上；上单份菜或配菜席点和小吃先宾后主，上全鸡、全鸭、全鱼等整形菜，不能头尾朝向正主位。这些程序不仅可以使整个宴饮过程和谐有序，更使主客身份和情感得以体现和交流。因此，餐桌之上的礼仪可使宴饮活动圆满周全，使主客双方的修养得到全面展示。

中国餐桌礼仪要点：

（一）请客要早通知。

（二）入座的礼仪。坐圆桌子，对着大门的是主座，或是背靠墙、柜台的是主座。主人先请客人入座上席，再请长者在客人旁依次入座，入座时要从椅子左边入座。主人右手边的是主客，左手边的是次重要的客人；靠门边面对主人的，自然是跑腿招呼的陪客坐的。入座后不要动筷子，更不要弄出什么响声来，也不要起身走动，如果有什么事要向主人打招呼。主人必须注重不可让客人坐在靠近上菜的座位。此为一大忌。

（三）做客人的不能直接向点菜员吆喝指点，应静坐等候主人家点菜；客人在安排菜式时，不要问客人喜欢吃什么？这样发问得出的结果就是"还好，什么都吃"。在点菜时，主人要询问客人哪些是忌口的菜式，根据客人忌口的菜式入行合理安排。

（四）一席中式餐饮如果没有茶便称不上正式了。为此，尽可能贮存不同品种的茶是明智的做法，确保最挑剔的客人也能照顾到。有关茶的问题，应该注重几件关键的事。座位离茶壶最近的人应该负责为其他人和自己斟茶——斟茶的次序按照年岁，由最长者至最年轻者，最后为自己斟。当人家为你斟茶时，礼节上应该用手指轻敲桌子，这样做是对斟茶者表示感谢和敬意。

（五）入餐时，先请客人、长者动筷子。夹菜时每次少一些，离自己远的菜就少吃一些，吃饭时不要出声音，喝汤时也不要出声响。喝汤用汤匙一小口一小口地喝，不宜把碗端到嘴边喝，汤太热时凉了以后再喝，不要一边吹一边喝。有的人吃饭喜欢用嘴嚼食物，特别是使劲嚼脆食物，发出很清晰的声音来，这种做法是不合礼仪要求的，特别是和众人一起入餐时，就要尽量防止出现这种现象。

（六）入餐时，不要打嗝，也不要出现其他声音。如果出现打喷嚏等不由自主的声响时，就要说一声"真不好意思"；"对不起，请原谅"之类的话，以示歉意。

（七）如果要给客人或长辈夹菜，最好用公筷，也可以把离客人或长辈离的较远的菜肴送到他们跟前，按中华民族的习惯，菜是一个一个往上端的，如果同桌有领导、长者、客人的话，每当上来一个新菜时就请他们先动筷子，或者轮流请他们先动筷子，以表示对他们的重视。主人必须承担一个主动积极的角色——敦促客人尽情吃喝是完全合理的。

（八）筷子是用餐的工具，因此千万不可玩弄筷子——把它们当鼓槌是非常失礼的做法，更不可以用筷子向人指指点点或打手势示意。当然，绝对不可吸吮筷子或把筷子插在米饭中，这是大忌——这正似乎葬礼上的香烛，被认为是不吉利的。再有，不可用筷子在一碟菜里不停翻动，应该先用眼睛观准你想取的食物。当你用筷了去取一块食物时，尽量避免遇到其他食物。可能的话，用旁边的公筷和汤匙。吃完饭或取完食物后，将筷子放回筷子座。

（九）吃到鱼头、鱼刺、骨头等物时，不要往外面吐，也不要往地上扔，要慢慢用手拿到自己的碟子里，或放在紧靠自己餐桌边或放在事先准备好的纸上。

（十）无论是用餐期间或用餐前后，都应当背部挺直，尽量往后坐椅子。用餐期间，基本上双手都在桌面以上。

（十一）要适时地抽空和左右的人聊几句风趣的话，以调和气氛，不要光低着头吃饭，不管别人，也不要风卷残云地大吃一顿，更不要贪杯。

（十二）最好不要在餐桌上剔牙，如果要剔牙时，就要用餐巾或手挡住自己的嘴巴。

（十三）要明确此次入餐的主要任务。要明确是以联络感情为主，或是以吃饭为主。

（十四）最后离席时，必须向主人表示感谢，或者就此时邀请主人以后到自己家做客，以示来回礼。

西餐礼仪

吃西餐在很大程度上讲是在吃情调：大理石的壁炉、熠熠闪光的水晶灯、银色的烛台、缤纷的美酒，再加上人们优雅迷人的举止，这本身就是一幅动人的油画。为了您在初尝西餐时举止更加娴熟，费些力气熟悉一下这些进餐礼仪，还是非常值得的。

● 西餐座位的排列

西餐座位比较讲究礼仪，非正式宴会座位遵守女士优先的原则，即男士主动为女士移动椅子让女士先坐，坐右座、靠墙靠里坐。不管正式宴会还是非正式宴会，入座或离座均应从座椅的左侧走为宜（当然左侧入座不方便也可以从右侧入座）。正式宴会有国际惯例为依据，桌次的高低依距离主桌位置的远近而定，右高左低，桌次较多时一般摆放桌次牌。吃西餐均使用长桌，同一桌上座位的高低以主人的座位的远近而定。

西方习俗是男女交叉安排，以女主人的座位为准，主宾坐在女主人的右上方，主宾夫人坐在男主人的右上方，在我国则依据传统，照例主宾坐在男主人的右上方，主宾夫人坐在女主人的右上方。不管是参加中式还是西式正式宴会，都要找准自己的位置，不可贸然入座。

● 餐具的使用

西餐宴席上使用的餐具主要是刀、叉、匙、盘、杯等。一般是左手拿叉，右手拿刀。拿叉的姿式是，用左手拇指、食指、中指拿住叉。拿刀的姿势是，用右手食指压在刀背上以出力，其余手指拿住刀把。

用刀、叉和匙时，要从最外面开始，一道一道菜往里拿。西餐一般讲究吃不同的菜用不同的刀叉，饮不同的酒用不同的酒杯，吃完一道菜将刀叉并列放在盘子的右边。不要举着刀叉和别人说话，不能发出刀叉相碰的声音。如果你暂时不会用西式餐具没关系，跟着主人或他人做就行了。

● 用餐方法

吃肉类时有两种方式：一是边割边吃；一是先把肉块（如牛排）切好，然后把刀子放在食盘的右侧，单用叉子取食。前者是欧洲的古老习惯，后者则是美式的吃法，一般以前都比较正式。

吃鱼时，应从鱼的中间切开，把肉拨到两边取掉鱼刺鱼骨，慢慢食用。肉饼、煎蛋、沙拉，都不用刀只用叉。肉盘内的肉汁，可用面包蘸着吃。面包应用手指掰成小块食之。炸薯片、炸肉片、普通三明治等食物，跟面包一样，用手取食。取食时，仅限于用拇指和食指拈取，食后用摆在面前的小手巾拭手。吃甜点可用叉或匙。

喝汤时，用匙进食。握匙的正确姿势为：用大拇指按住匙的把，其他手指轻轻托住另一边。舀汤时，应从盘子里面向外舀，盘中汤不多时，千万不可端起汤盘吮吸，而应用左手将汤盘微微外倾，用匙舀尽。

吃梨、苹果不要整只去咬，而应用水果刀将水果切成四至六块，剜去果心，用手拿着一块一块吃。吃香蕉则剥皮后整只放在盘子里，用刀、叉切开，一块一块吃。吃桔子用手把皮剥掉，一片一片地瓣开吃。吃水果时，有时会送上一小水盂，这是供洗手之用的，切勿将此当作饮料饮用。用餐过程中自己够不着的调味等物，可以请别人帮忙递过来，我们也可应别人要求传递给他们，传递要用右手。进食时，骨头、肉屑、果皮等，可放在食盘的右角。果核则吐在餐巾纸里，不可随便抛在桌上或地上。

若有事暂时离开，请将餐巾放在椅子上，把刀叉摆成八字，居中放在盘上。用餐完毕，将刀叉并列，靠右侧放在盘上。

席中在鸡、龙虾或西式全部菜点上完后，便是咖啡和茶。喝咖啡和茶的方式是用小茶匙搅拌放糖，搅匀后仍将茶匙放回原处再喝（茶匙不能放在茶杯里），喝时，右手拿杯把，左手端杯托碟。请记住喝咖啡、茶或汤一定要端起杯子找嘴，不要俯身去用嘴迁就杯子。喝完咖啡和茶宴会就该结束了，客人可以开始告辞。

●西餐其他礼仪

参加正式西式宴会一定注意服饰、仪容仪表符合礼仪要求，用餐姿势优美大方，坐姿端庄稳重，挺直腰板，不要跷二郎腿，手放在膝盖上，不要把胳膊支在桌子上。不要随便脱上衣、松领带或挽袖子。

吃西餐时，不能拒绝对方的敬酒，即使自己不会喝酒，也要端起酒杯回敬对方，否则是一种不礼貌的行为。吃西餐饮酒忌讳举杯一饮而尽，文雅的饮酒是懂得品评酒的色、香、味，慢慢品味。在西餐宴席上往往是敬酒不劝酒，即使是劝酒也只是点到为止。

吃西餐应特别注意水盂的使用，弄不好会闹出笑话。凡是上一道用手取的食品，如鸡、龙虾、水果等，通常会同时送上一个水盂，（铜盆、水晶玻璃缸、瓷碗），水上漂有玫瑰花瓣或柠檬片，但它不是饮料，而是西餐讲究的洗指碗，置于左上方，把手浸入水中，轻轻洗一下，然后用餐巾擦干净。

如何巧妙地聆听

聆听越多，你就会变得越聪明，就会被更多的人喜爱，就会成为更好的谈话伙伴。

一个好听众总比一个擅讲者赢得更多的好感。这是因为，一个好的听众总能够让人们倾听他们最喜欢的说话者——他们自己。

生活中没有什么比做一名好听众能更有效地帮助你。

当然，成为一名好的听众，并非一件容易的事，这里我有5点建议可供参考：

1.注视说话人

对方如值得你聆听，便应值得你注视。

2.靠近说话者，专心致志地听

让人感觉到你不愿漏掉任何一个字。

3.提问

使说话者知道你在认真地听。

提问题是一种较高形式的奉承。

4.不要打断说话者的话题

无论你多么渴望一个新的话题，也不要打断说话者的话题，直到他自己结束为止。

5.使用说话者的人称——"您"和"您的"

如果你用了"我，关于我，我的，我的XXX"这类词，就意味着在把听众的注意力从谈话人转移到了你自己，这就成了交谈，而不是聆听。

请注意，这5点绝不是谦恭的行为，谦恭永远不会使你获得聆听所能带给你的巨大回报。

只有用心倾听，我们才能获得说话者所要表达的完整信息，也才能让说话者感受到我们的理解与尊重。用倾听向对方表达的是："我关心你的遭遇，你的生活和经历是最重要的。"

怎样才能在初次见面时给别人留下好印象

人们在相互交往时，总要彼此留下一定的印象，并且这种印象将对相互之间的进一步交流起到一定的指导或影响作用。

和初次见面的人面对面谈话，是一件不好受的事。因为两人之间的视线极易相遇，而导致两人之间的紧张感增加。而与人交谈时坐在旁边的位置，由于不必一直意识到对方的视线，只要在必要时看对方的视线即可，因而便容易轻松下来。因此，和初次见面的对方要增加亲切感时，最好避开和他面对面的交谈方式，而应尽量坐在他旁边的位置。

我们应该记住取得有效握手的七个原则。

尊重对方喜欢的空间和距离。

握手掌而非握手指。

对方寒暄交谈。

握手的时间比要求的稍微长一点点。

握力应当紧稳，但勿太用劲使对方觉得不适。

如需要表示额外的热忱，可用双手握手。

收回的时候，要简洁，明确，且要再停顿一下。

所谓"首因效应"就是指人们在第一次见面时所形成的第一印象。它主要是获得了对方的长相、表情、姿态、身材、年龄、服装等方面的印象。这种印象虽然是初步的相互了解，但在对人认知中却起着明显作用。

我们在平时的社会交往中，就要学会运用"首因效应"，说简明一些，就是要给人一个好的第一印象。

首先，态度应诚恳热情，不卑不亢，其次要注意衣着整齐大方。另外，举止稳重有礼貌都是十分必要的。"近因效应"和"首因效应"刚好相反，指的是后来的感觉和认知比最初的印象作用要大。事实上，"首因效应"和"近因效应"不是根本对立的。它是一个问题的两个方面。人们在相互交往和认识过程中第一印象很重要，但最近的印象也不容忽记。一般来说，在陌生人的心目中，"首因"效应比较明显，所以在去和陌生人见面时，要注意做好心理准备，以赢得良好的第一印象。

让人记住你的最有效的前提是，你必须记住别人的姓名，要牢记别人的姓名你应该记住下面几点。

1.放松。当你放松的时候，记忆力会改善。

2.立刻高声地重复对方的名字，并且在下次交谈时称呼其名。

3.如果可能又合适的话，在几分钟里重复使用这名字。

4.一有机会时，写下这名字。

正确的站姿

最容易表现姿势特征的是人处于站立时的姿势。

基本站相为：身体挺直、舒展，两眼平视前方，收腹挺胸，两臂自然下垂，手指并拢自然微屈，中指压裤缝，两腿挺直，膝盖相碰，脚跟并拢，两脚尖张开夹角成45°或60°身体重心落在两腿正中。从整体上产生一种精神饱满的体态。为了维持较长时间的站立，站姿可以有一些变化：

两脚分开，两脚外沿宽度以不超过两肩的宽度站立；或是以一只脚为重心支撑站立，另一只脚稍微休息，然后轮换。男士可以将双手相握、叠放在小腹前的"前俯式站姿"或者握于身后的"后背式站姿"。女士主要为"前俯式站姿"。

总之，男士的站姿，要给人一种"劲"的壮美感；女士的站姿，要给人一种"静"的优美感。

应注意避免的是头下垂或上仰，收胸弯腰，背曲膝松，臀部后突，手插在衣裤口袋里或搓脸，弄头发，脚打拍子，身靠柱子、餐桌、柜台或墙歪斜站立。

良好的坐姿

坐姿也是一种重要的肢体语言，其包容的信息也非常丰富。基本坐相是：男性分腿而坐，手自然放在膝上或放于大腿中前部，体现出男子的自信、豁达。女性则是膝盖并拢，体现其庄重、矜持，并且落座动作协调，声音轻。女性先退半步然后坐下，坐椅面的一半或2/3。

坐沙发时要求腰挺直，两腿垂地或微内收，背部不靠沙发背，两手自然弯曲，手扶膝部，或交叉放于大腿中前部，或一手放于大腿上另一手肘放于沙发扶手。气质高雅的女士可坐成S形。女性切忌叉开两腿，跷二郎腿或摇腿，弯腰驼背，手托下巴，裙子掀起，露出大腿等。

离座时应请年尊者先离开，坚持"左入左出"，站好后再走。

正确的走姿

最能体现出一个人的精神面貌的姿态就是走姿。

走路时目光平视，挺胸收腹，两臂自然下垂，前后自然摆动，身体要平稳，两肩不要左右晃动或不动，或一只手摆动另一只手不动。

走路时，男子要显出阳刚之美；女性步伐轻盈，显出阴柔之美。女性穿裙子或旗袍时要走成一条直线，使裙子或旗袍的下摆与脚的动作显示出优美的韵律感。穿裤装时，宜走成二直线，步幅稍微加大，显得活泼潇洒。走路出步和落地时，脚尖都应指向正前方，由脚跟落地滚动至前脚掌，脚距约为自己的1.5~2个脚长。正确的走路姿势还有助于健美。

走路忌走八字步，也不要多人一起并排行走，更不要勾肩搭背。在狭窄的通道，如遇领导、尊者、贵宾、女士，则应主动站立一旁，以手示意，让其先走；上下楼梯时，不要弯腰弓背，手撑大腿，不要一步踏两三级楼梯，若遇尊者，则应主动将扶手的一边让出。

介绍的礼仪

介绍和被介绍是社交中常见而重要的一环。

●正式介绍的礼仪

在较为正式、郑重的场合，有两条通行的介绍规则：其一是将年轻的人介绍给年长的人；其二是将先生介绍给女士。在介绍过程中先提某人的名字是对此人的一种敬意。比如要将一位姓张的先生介绍给一位姓王的女士，就可以做如下介绍："王××，让我把张××介绍给你好吗？"然后给双方做介绍："这位是王××，这位是张××。"如把一位年轻的女同志介绍给一位德高望重的长辈，则不论性别，均应先提这位长辈。在介绍时，最好是姓名并提，还可附加简短的说明，像职称、职务、学位、爱好和特长等等。

●非正式介绍的礼仪

如果是在一般的、非正式的场合，则不必过于拘泥礼节，假若大家又都是年轻人，就更应以自然、轻松、愉快为宗旨。介绍人一句："我来介绍一下"，然后即作简单的介绍，也不必讲究先介绍谁、后介绍谁的规则。最简单的方式恐怕莫过于直接报出被介绍者各自的姓名。也不妨加上"这位是""这就是"之类的话以加强语气，使被介绍人感到亲切和自然。

除非情况特殊，人们一般都不习惯毛遂自荐，主动地自报姓名。如果你基于某种理由要知道某人的名字，最好是先找个第三者问一问："那位穿西装裙的是谁呀？"其后在你和这位穿西装裙的刘阳见面时就可以说："你好，刘阳。"无论如何不要莽撞问人家："你叫什么名字？"这显得唐突。如果万不得已也应该说得婉转一点："对不起，不知该怎么称呼您。"这也是建立新的社会关系的良好开端。

待人接物的基本礼仪

1.有人敲门，应回答"请进"或到门口相迎。

2.客人进来，应起立热情迎接。如果家中不够干净整齐，显得凌乱，要做些必要的整理，并向客人致歉。

3.敬茶须用双手端送，放在客人右边。如果是夏天酷热，要递扇子，或开电扇。

4.吃饭时来客，要热情邀请客人一同进餐。客人吃过饭后，要送上热毛巾，并另换热茶。

5.接受客人介绍对方时，姓名职务必须逐字清楚；须先将年轻者向年老者介绍。

6.客人来时，如自己恰巧有事不能相陪，要先打招呼，致以歉意，并安排家属陪着，然后再去干自己的事。

7.客人坚持要回去，不要勉强挽留。

8.送客应到大门外，走在长者后面。

9.分手告别时，应招呼"再见"或"慢走"。

拜访礼仪

1.拜访前的相邀礼仪

不论因公还是因私而访，都要事前与被访者电话联系。联系的内容主要有四点：

（1）自报家门（姓名、单位、职务）。

（2）询问被访者是否在单位（家），是否有时间或何时有时间。

（3）提出访问的内容（有事相访或礼节性拜访）使对方有所准备。

（4）在对方同意的情况下定下具体拜访的时间、地点。注意要避开吃饭和休息特别是午睡的时间。最后，对对方表示感谢。

2.拜访中的举止礼仪

（1）要守时守约。

（2）讲究敲门。艺术。要用食指敲门，力度适中，间隔有序敲三下，等待回音。如无应声，可再稍加力度，再敲三下，如有应声，再侧身隐立于右门框一侧，待门开时再向前迈半步，与主人相对。

（3）主人不让座不能随便坐下。如果主人是年长者或上级，主人不坐，自己不能先坐。主人让座之后，要口称"谢谢"，然后采用规矩的礼仪坐姿坐下。主人递上烟茶要双手接过并表示谢意。主人献上果品，要等年长者或其他客人动手后，自己再取用。即使在最熟悉的朋友家里，也不要过于随便。

（4）跟主人谈话，语言要客气。

（5）谈话时间不宜过长。起身告辞时，要向主人表示"打扰"之歉意。出门后，回身主动伸手与主人握别，说："请留步"。待主人留步后，走几步，再回首挥手致意："再见。"

基本礼仪之交谈

1.交谈时，应力戒口头禅，注意谈吐文明，措辞雅洁。

2.不打断对方谈话，不轻易在他人谈话时插嘴。

3.交谈时，勿打哈欠，勿抓耳挖腮，搔首摆膝摇头。

4.对别人讲话，勿持冷漠的态度，如斜视、看书、看报等。

5.说话时，要面对谈话的人，不要自我吹嘘或信口开河。

6.对于生客，不要贸然问人家工资多少；对于女士，不要随便问她的年龄和地址。

7.抽烟时，不要朝着别人的脸擦火柴，吐烟雾。

8.咳嗽、打喷嚏，最好先用手帕捂住嘴，不要朝着别人。

9.如果不是知己，在别人家中，不要逗留太久，要视情况适当掌握时间，以免影响别人。

10.拜访忙者，不宜多谈。

11.路上遇见长者，不论师长、亲戚，应主动招呼，并加以问候。

谢绝别人的几种方式

人活在世上，总会遇到一些为难的事情，总会有些同窗好友、同事朋友，相处的日子久了，自然要相互求旁人点什么，如果我们能办到的话应尽最大的努力去办，假若朋友提出的某些要求过分，不是我们个人力所能及的，这就出现了要谢绝、拒绝他人的问题。例如，有同学邀你外出游玩，可你因事不能同往；有人送给你礼物不好接受；父母疼爱帮你做些事情，你不愿他们替你做；别人提出过分要求等，面对这种"难题"，有时我们不得不拒绝、谢绝。

但处理这类问题时，人们往往感到很棘手，因此不知道该如何开口谢绝、拒绝，明知道一些事情办不成，可又怕影响朋友之间的友谊，怎样开口拒绝，才不会伤害对方呢？需要把握一个度，要特别注意礼貌、分寸，掌握一定的技巧，使自己能轻松愉快地说出"不"字，也能使对方高高兴兴地接受"不"字。

推脱方式：对不喜欢、又不想扫对方的兴致的问话，如有人在背后议论别人闲话，你不想苟同就不要参与辩论，只需表现已接受到信息，但对信息不加评论就行了。还可以借助一些形态语言加以婉拒。如不表态，一笑置之。也可以用拖延的方法表示拒绝。如遇到难缠的人，可以理直气壮地推脱，直到对方死心。但要注意态度要不愠不火。

转移方式：即当别人提出的无理的要求或问题时，你要拒绝时，在说"不"前，务必让对方了解自己拒绝的苦衷和歉意，态度要诚恳，语言要温和。把他引向另一方，巧妙运用转移的方式进行拒绝。

留有余地方式：从人际关系角度考虑，拒绝要尽可能把理由讲充分。从接受者心理接受能力考虑，要给对方留出足够的思想准备空间。这样在适当时拒绝对方，还能让对方感到你至少已尽了努力了。把不得不拒绝的理由以诚恳的态度加以说明，直到对方了解你是爱莫能助，这是最成功的拒绝。但避免模棱两可的回答。如我再考虑考虑等，这种讲法讲话的人或许认为这是表示拒绝，可是有所求的一方却认为对方真的替他想办法，这样一来，反而耽误了对方，所以切莫使用语言含糊的字眼。

婉转方式：对上司或主管交办的工作，出于责任心需要反对或拒绝，那么，既要坚持主见又保护上司的体面，该选择什么样的拒绝方式呢？可以选择上司意见中某一方面被你认同的地方加以肯定，尔后提出相反意见，即先通过恭维打消上司意见被拒绝的不悦，让其不失体面。然后提出自己的观点，通过举例说明，让上司意识到你的观点比他的观点更切实可行。不要因为看到上司脸色不好又忙不迭地改变自己的观点，附和上司。这样非但解决不了问题，还暴露出自己胆怯无主见的平庸一面。

外交辞令方式：生活中当我们暂时无法确定"是与不是"时，"无可奉告"，"天知道"，"这个，我也不懂"，"难说"等外交辞令都可以借用。

感谢好意方式：如果对方发出游玩的邀请，或赠送礼物等，而你出于某种原因需要谢绝时，要称赞和感谢对方的热情友好，表示非常高兴接受这份感情。如"你对我非常关心。你这番心意我领了！""谢谢你的好意！"等等。这样做来，对方即使被回绝，仍觉得你是个通情达理的人，因为你理解了他的美好用意。

诚恳致歉方式："对不起，让您失望了！"；"很抱歉，我实在不能……"；"请您原谅……"这些话绝不是可有可无的。没有它，将使你显得高傲和不近人情。因而，为不能满足对方的愿望而致歉是非常必要的。

寻找借口方式：提出借口来谢绝对方并不是不礼貌。事实上，借口是生活中必不可少的。在许多情况下，要拒绝对方的某一要求而又不便说明理由，也不便向对方说什么道理，不妨寻找恰当的借口（或称"托辞"），以正当的，不至于被对方责怪的理由来回避对方的要求。例如，你不太喜欢同某一同学在一起玩，可他偏偏硬拉你去打球，而你又没有拒绝的理由，不妨找一个借口，说："对不起，我妈妈让我早点儿回家（实际不是）。"这一借口，既达到了谢绝的目的，又不伤他的自尊。

诚然，谢绝、拒绝总是令人不快的，但其目的无非是减轻双方，特别是对方的心理负担，并非捉弄人。需要注意的是谢绝、拒绝时态度要诚恳，结束交谈时要热情握手，略表歉意。

常见的不良举止

1.不当使用手机

手机是现代人们生活中不可缺少的通讯工具，如何通过使用这些现代化的通讯工具来展示现代文明，是生活中不可忽视的问题，如果事务繁忙，不得不将手机带到社交场合，那么你至少要做到以下几点：将铃声降低，以免惊动他人。铃响时，找安静、人少的地方接听，并控制自己说话的音量。如果在车里、餐桌上、会议室、电梯中等地方通话，尽量使你的谈话简短，以免干扰别人。如果下次你的手机在响起的时候，有人在你旁边，你必须道歉说："对不起，请原谅。"然后走到一个不会影响他人的地方，把话讲完再入座。如果有些场合不方便通话，就告诉来电者说你会回电话的，不要勉强接听而影响别人。

2.随便吐痰

吐痰是最容易直接传播细菌的途径，随地吐痰是非常没有礼貌而且绝对影响环境、影响我们的身体健康的。如果你要吐痰，把痰吐在纸巾里，丢进垃圾箱，或去洗手间吐痰，但不要忘了清理痰迹和洗手。

3.随手扔垃圾

随手扔垃圾是应当受到谴责的最不文明的举止之一。

4.当众嚼口香糖

有些人必须嚼口香糖以保持口腔卫生，那么，我们应当注意在别人面前的形象。咀嚼的时候闭上嘴，不能发出声音。并把嚼过的口香糖用纸包起来，扔到垃圾箱。

5.当众挖鼻孔或掏耳朵

有些人，习惯用小指、钥匙、牙签、发夹等当众挖鼻孔或者掏耳朵，这是一个很不好的习惯。尤其是在餐厅或茶馆，别人正在进餐或茶，这种不雅的小动作往往令旁观者感到非常恶心。这是很不雅的举动。

6.当众挠头皮

有些人头皮屑多的人，往往在公众场合忍不住头皮发痒而挠起头皮来，顿时皮屑飞扬四散，令旁人大感不快。特别是在那种庄重的场合，这样是很难得到别人的谅解。

7.在公共场合抖腿

有些人坐着时会有意无意地双腿颤动不停，或者让跷起的腿像钟摆似地来回晃动，而且自我感觉良好以为无伤大雅。其实这会令人觉得很不舒服。这不是文明的表现，也不是优雅的行为。

8.当众打哈欠

在交际场合，打哈欠给对方的感觉是：你对他不感兴趣，表现出很不耐烦了。因此，如果你控制不住要打哈欠，一定要马上用手盖住你的嘴，跟着说："对不起。"

第九部分　交往的智慧

适当的道歉

　　如果你错了，就及时承认。与其等别人提出批评、指责，还不如主动认错、道歉，更易于获得谅解、宽恕。凡是坚信自己一贯正确，发生争端总是武断地指责对方大错特错，从不认错、道歉的人，根本交不到朋友，或难以交友，永远缺乏知心人。有些人有错就千方百计抵赖，甚至谩骂敢于提醒他注意的人，那绝不是什么"英雄本色"，只能算流氓行为。

　　真心实意地认错、道歉，就不必推说客观原因、做过多的辩解。即使有非解释不可的客观原因，也必须有诚恳的道歉之后再略为解释，而不宜一开口就辩解不休。否则，你对自己的错误实际上是抱着抽象否定、具体肯定的态度，这种道歉，不但不利于弥合双方思想感情上的裂痕，反而会扩大裂痕、加深隔阂。道歉需要诚意。双方成见很深，当对方正处在火头上，好话歹话都听不进时，最好先通过第三者转致歉意，待对方火气平息之后，再当面赔礼、道歉。有时当务之急不是先分清谁是谁非，而是要求双方求同存异，去对付共同面临的困难或"敌手"。如双方僵持不下，势必两败俱伤。如一方先主动表示歉意，就有可能打破僵局，化紧张为和谐，乃至化"敌"为友，双方合作共事。

　　诚心诚意地道歉，应语气温和、坦诚但不谦卑，目光友好地凝视对方，并多用如"包涵""打扰""指教"等礼貌词语。道歉的语言，以简洁为佳。只要基本态度已表明，对方已通情达理地表示谅解，就切忌啰嗦、重复。否则，对方不能不怀疑你在以小人之心，度君子之腹，唯恐他不谅解。

　　如果我们每个人都能错了就及时承认，不必要的矛盾、纠纷就会大为减少，整个社会的人际关系，也会和谐得多。

每个人都必须学会道歉

掌握好道歉的学问，正确地使用道歉技巧，将使你的人生充满阳光。

1.了解自己错在哪里

考虑一下自己到底在哪里出了错，伤害到了他人。清楚地认识到错误并作有针对性的道歉效果会更好。

2.敢于承担责任

有效的道歉不是一种为自己狡辩的伎俩，更不是要去骗取别人的宽恕，你必须要有责任感，勇于自责，勇于承认过失，才能够真心地道歉。

3.用清楚和正确的文字，而非煽动性的文字

通常，受伤害者要的，无非是你承认错误，并且表明以后不会再发生此类伤害。因此，如用文字去道歉时，须注意：过多情绪性的字眼，并没有帮助。道歉的重点在于：发出清楚、直接、诚恳的道歉讯息。

4.思考道歉的角度

道歉可以用角色对角色，或个人对个人的方式进行，看哪种状况比较容易。举例来说，公司里两位主管在语言上起了冲突，如果一方仍然对对方心中有气，可以站在职位角色的立场，向对方表达："我们都在一家好的公司工作，我应该要更了解我们之间的差异。我很抱歉先前讲话很粗鲁。"这样一来，即使对方仍然余怒未消，但对立气氛已经比较缓和。

5.直截了当地道歉

某件事做错了，某句话说错了，可以开诚布公地直接向对方道歉。可以用"对不起""我错了"等语言向对方道歉，这种真诚坦白的态度容易得到对方谅解。

6.如果你觉得道歉的话说不出口，可以用别的方式来代替

一束鲜花可使前嫌冰释；把一件小礼物放在对方的课桌上，可以表明悔意；大家不交谈，触摸也可传情达意，这就是所谓的"此时无声胜有声"。

7.道歉并非耻辱，而是真挚和诚恳的表现

大人物有时也道歉，邱吉尔起初对杜鲁门的印象很坏，但后来他告诉杜鲁门说以前低估了他，这是以赞誉的方式表示歉意。

8.请别人代你道歉

如何自己不便于出面，可求助于第三者。可以将自己的歉意或者暗示给你们双方都熟悉的另一位朋友，请求他为你向对方道歉。

9.夸大自己的过错

你越是夸大自己的过错，对方越不得不原谅你。

10.采取补偿的具体行动

给对方送点小礼物，请对方一起吃饭等都不失为好办法。具体行动更能表现出你的诚意。

11.赞美对方心怀宽大

大多数人受到赞美后，都会不自觉地按赞美的话去做。

12.及时道歉

假若你认为有人得罪了你，而对方没有致歉，那你应该冷静，不要闷闷不乐，更不要生气，也许对方正为如何道歉而不好过呢。

13.你如果没有错，就不要为了息事宁人而认错

这种做法，对任何人都没好处。你要分清深感遗憾和必须道歉这两者的区别，有些事你可以表示遗憾，但不必道歉。

14.用书面道歉

有时光嘴里说"对不起"是不够的。写在纸上比嘴里说的更有分量。你可以给对方写一封道歉的信或Email，表达你由衷的歉意。这种不见面的交谈既可以达到道歉的目的，又可免去一些难堪的场面。

15.给对方发泄心中不快的机会

让对方骂你，将心中的怒气发出来，是挽回友谊的好办法。否则不满淤积在胸中，数年不散，你与对方将永远难修旧好。

16.改正错误获得原谅

有些过失并不是通过向对方表达歉意就可以获得原谅的，在向对方表达歉意的同时，付诸改正过失的实际行动，往往是最真诚、最直接并且最有说服力的。

● 提示：

*事实上你的过失并不是你真正做错的那件事情，大多数时候，更主要的是过失使你伤害到了他人。

*有些错误是不难补救的，但要注意在你道歉的时候仍要着重于你先前犯的错误。

*有些人是很难交流的，即使是最真诚的道歉也不会动摇他们。

*有些事情是人们不能原谅的，但这不意味着你就可以不去道歉了，只不过是事情怎样都无可挽回了。

*有些时候你必须要不甘心地道歉，这时候只留下一句"我真的很抱歉"就好了。

*世上没有后悔药，我们能够做的只是尽力去弥补过错。

沟通中的三个"S"

有效沟通在我们的工作中，同家人、朋友的交往中，以及日常生活的方方面面中，扮演着重要的角色。尽管最近几年，由于手机、电子邮件、网络等新型交流工具的出现，沟通的速度得到了显著的提高。但是，沟通的基本原理依然保持不变，或者可以说变得更重要了。

沟通中最重要的三个单词，它们都以英文字母"S"开头：简单（simplicity）、真诚（sincerity）和沉默（silence）。

简短与保持沉默几乎是同义词。任何人说："不要啰嗦！"那么你就不用再多说什么。错综复杂似乎只会引起麻烦并且使沟通的质量下降。演讲教师告诫我们，在同一次讲演中提出三个以上的要点是没有用的。

听众可以记住一到二条要点，但是如果超过三条，他们的思维将会产生抵制。在面对面的沟通中也同样。想要专注与专一，简单是重要的先决条件。复杂只会导致困惑与目的不清。观察世界级的运动员，你会发现他们会将一些看上去非常复杂的事情分解成简单的、可重复的技巧。如果你可以把所有的问题与所有的沟通挑战都分解成最简单的形式，你就能够成功。

真诚是最重要的，因为它可以促成相互信任。没有信任，就没有双方心灵的交集，也就不会有沟通。林肯曾经说过："如果你想让别人按你的目标行事，那么首先你必须赢得他的信任。"我们也都听说过："真诚地关注其他人。"在服务导向的经济中，真诚比以往任何时候都重要。金钱是延期的服务，没有信任就不会发生真正的服务。

"沉默蕴涵着一种艺术，沉默也蕴涵着雄辩。"2000 年前西赛罗曾这样说，但是在今天，这句话同样适用。沉默也提供其他人以提问的机会。没能提问，你永远也不会发现"关键"地方。沉默也是提供他人可以思考而不受打扰的机会。聆听是一种表示你真诚的关注他人、关注他们所说的方式。聆听同样也使谈话、宣讲和会议变得简单。

本杰明·富兰克林曾经写道："想想，在谈话中获得知识主要是使用耳朵而不是舌头。在我决定要培养的美德中，沉默占第二位。"

作为一个好的聆听者是成为一个成功的沟通者的重要特质之一。记住要使用沟通中的三个"S"——简单、真诚、沉默——是为了更有效的结果。它们适用于所有的沟通，无论是最不经意的、最无准备的、还是最重要的沟通。

控制自己的情绪

我们在与人相处时，不可能事事都一帆风顺，不可能要每个人都对我们笑脸相迎。有时候，我们也会受到他人的误解，甚至嘲笑或轻蔑。这时，如果我们不能善于控制自己的情绪，就会造成人际关系的不和谐，对自己的生活和工作都将带来很大的影响。所以，当我们遇到意外的沟通情景时，就要学会控制自己的情绪，轻易发怒只会造成反效果。

凡是允许其情绪控制其行动的人，都是弱者，真正的强者会迫使他的行动控制其情绪。一个人受了嘲笑或轻蔑，不应该窘态毕露，无地自容。如果对方的嘲笑中确有其事，就应该勇敢地承认，这样对你不仅没有损害，反而大有裨益；如果对方只是横加侮辱，盛气凌人，且毫无事实根据，那么这些对你也是毫无损失的，你尽可置之不理，这样会愈发显现出你的人格。

有的人在与人合作中听不得半点"逆耳之言"，只要别人的言辞稍有不恭，不是大发雷霆就是极力辩解，其实这样做是不明智的。这不仅不能赢得他人的尊重，反而会让人觉得你不易相处。采取虚心、随和的态度将使你与他人的合作更加愉快。

美国前总统罗斯福年轻时体力比不上别人。有一次，他与人到白特兰去伐树，到晚上休息时，他们的领队询问白天各人伐树的成绩，同伴中有人答道："塔尔砍倒53株，我砍倒49株，罗斯福使劲咬断了17株。"

这话对罗斯福来说可不怎么顺耳，但他想到自己砍树时，确实和老鼠营巢时咬断树基一样，不禁自己也好笑起来。

能否很好地控制自己的情绪，取决于一个人的气度、涵养、胸怀、毅力。历史上和现实中气度恢宏、心胸博大的人都能做到有事断然、无事超然、得意淡然、失意泰然。正如一位诗人所说：忧伤来了又去了，唯我内心的平静常在。

交往过程中需要用心的细节

在人际交往中，为提高个人形象，你只需要说一两句简单的话，做出一两个简单的动作。

与别人交谈，不妨高兴时就扬起眉毛，严肃时就瞪大眼睛，疑问处率直询问，必要时听完后还可简要地复述。这样会给人留下头脑敏锐、率直认真的好印象。反之，如果你无动于衷，则可能给人反应迟钝的感觉。在适当时机，大胆亮出你的"绝活"，就能大大提高你的声望；并且这"绝活"离你所从事的专业越远越好。

对小节都郑重其事的人不会不守约。

在人际交往中，巧用逆向思维，勇敢地说出自己的弱点或失误，别人会在意外之余，油然而生一种信任。

向对方叙述重要事宜，或回答对方提问时，如果做到目不斜视地盯着对方的眼睛，不但会增强语言的说服力，还给人留下精力充沛、光明磊落的印象。

与别人握手，如果你用劲很大，那么对方由于条件反射，也会相应地加大力气。通过两手紧握，两心也紧连起来。对方会强烈意识到：你是热情的、坚强的。

在学校里，有些人很喜欢做事。譬如别人的自行车倒了，他看见后就主动将其扶正。有些同学就瞧不起这种做法，说这样做又有什么好处呢？殊不知，这些爱做事的人大都是人缘相当好的人，受人尊敬的人。

与别人约会时，如果你将时间定在"x点x分"，而不按通常的做法，定在"x点整"或"x点半"，别人就会以为你不但时间观念强，而且效率高。

对方刚刚说了个头，你就急切地道出下半句，这样做并不能显示你的聪明，相反会让对方不满。假如你即使知道事情的结果，也认真倾听对方所言，并不时地附和一两句，就会使对方高兴地感受到你的诚意。人难免遭遇失败。失败时，如果能向胜利者伸出友好之手，表示热情而诚挚的祝贺，别人就会被你宽广的胸怀所感动。

如果你说"我市有300多万人口"，并不能给人留下深刻印象。假若你知道人口数是301.2万，那么请你将尾数一并说出。这样，别人会为你的严谨所折服。

与人交往关注内容而不是表情

有的人觉得和别人交往没什么难的；但有的人却认为和别人讲话是最痛苦的事，怕这个，怕那个，越怕就越逃避交往，结果就越不会交往，形成了恶性循环。总觉得自己没话说，眼睛没处放，想象自己的样子一定很尴尬，也一定影响了别人的情绪，要不然他们和自己在一起怎么会也没话说呢？尤其是和异性朋友在一起时，这种情况就特别严重，虽然很想和别人交朋友，但一碰到一起，又那么紧张，心里觉得很痛苦。

上面所讲述的现象我们在生活中会经常遇到。这类人不在少数，独生子女所占比重更为可观。他们比较受父母的宠爱，从小就很乖，学业上很顺利，但除了学习，很少和别人交往，尤其是异性朋友几乎没有交往。于是形成了较内向的性格，爱紧张，比较敏感，在人际交往方面比较自卑，也没什么特别的业余爱好，容易让大家用"书呆子"之类的词语来形容。

交往能力是从交往中学习来的，独生子女因为没有兄弟姐妹，家长再不注意引导，就容易出现交往障碍。加上小学、中学阶段只抓学习，没有机会去和别人交往，到了大学，这个问题就表现出来了，进入社会就体现得更为严重。不过没关系，谁也不是天生就会交往的。只要意识到自己的问题，现在学习也不晚。交际经验是在实践中积累起来的，我们的首要工作是要迈出第一步，多交朋友，融进朋友们的社交圈子，逐渐形成自己的交际活动网。在此，我仅提出几点建议：

在不影响学习的前提下，多参加一些文体活动，在活动中自然而然地交谈，如果经常是干坐着，就容易没话说；

要培养自己的业余爱好，文学、艺术、体育项目等等，这样年轻人在一起才有话题，否则，别人说什么你都不知道，当然插不上话。

当你和别人交谈时，关注谈话内容，而不要关注自己的表情，从别人的谈话中寻找自己感兴趣的内容，以进一步地探讨。如果你只想着自己是不是自然，样子是不是尴尬，你的脑子里就会一片空白，无法和别人交谈。

在与别人交谈过程中，不要去控制自己的情绪，因为情绪越控制就会越紧张。应当放松，豁出去了，紧张就紧张吧，表情会怎样，不管它了。只控制行为，带着不安去讲话，这样你会发现，紧张情绪一会儿就过去了。

与人交往的能力和性格有关系，内向、敏感、紧张、自卑的性格，容易出现交往问题。但人的性格会因受到周围环境因素的影响而发生变化，是可以调整的。不能认为自己交往能力差，而给自己带来精神上的压力，应该认为这仅仅是自己努力程度还不够所致，如此，我们才会不断完善自己的性格因素，提高自己的交往能力。

在交往中掌握别人的心理

在社会生活中，与别人交流是不可避免的，也是很重要的一门人生课堂。那么，在社交中除了重视礼仪之外，还要懂得掌握别人的心理，这样才能更好地与人交流并提高人际交往能力。那么，在社交中如何掌握别人的心理呢？

●了解人和人性

提高人际交往和掌握成功的人际关系技巧的第一步是：正确地了解人和人的本性。

了解人和人性可简单概括为——"按照人们的本质去认同他们"，"设身处地认同人们"，而不要用自己的眼光去看待别人，更不要把自己的意志强加于别人。人首先是对自己感兴趣，而不是对你感兴趣！换句话说——别人关注自己胜过关注你一万倍。认识到"人们首先关心的是自己而不是你"这一点，是生活的关键所在。

●巧妙地引导对方谈论他们自己

当你与人交谈时，请选择他们最感兴趣的话题。他们最感兴趣的话题是什么呢？是他们自己！把这几个词从你的词典中剔除出去——"我，我自己，我的"。用另一个词，一个人类语言中最有力的词来代替——"您"。你是否对谈话感兴趣并不重要，重要的是你的听众是否对谈话感兴趣。当你与人谈话时，请谈论对方，并且引导对方谈论他们自己。这样你就可以成为一名最受欢迎的谈话伙伴。

●巧妙地令别人觉得重要

人类一个最普遍的特性便是——渴望被承认，渴望被了解。你愿意在人际关系中如鱼得水吗？那么，请尽量使别人意识到自身的重要性。请记住，你越使人觉得自己重要，别人对你的回报就越多。

●巧妙地说服别人

当你说一些有利于自己的事情时，人们通常会怀疑你和你所说的话，这是人的本能的一种表现。更好的方式就是：不要直接阐述，而是引用他人的话，让别人来替你说话，即使那些人并不在现场。因此，要通过第三者的嘴去讲话。

●巧妙地影响别人

促使人们按照你的意愿去做事情的第一步，是找出促使他们这样做的原因（即他们想要什么）。和别人说他们想听的东西，他们就会感动。你只需简单地向他们说明，只要做了你要求他们做的事情之后，他们便可以获得他们想要的东西。"了解人们所想"的方法是：多询问，多观察，多聆听，再加上自己的不懈努力。

●巧妙地聆听别人

聆听越多，你就会变得越聪明，就会被更多的人喜爱，就会成为更好的谈话伙伴。当然，成为一名好的听众，并非一件容易的事，这里我有5点建议可供参考：

1.注视说话人；2.靠近说话者，专心致志地听；3.提问；4.不要打断说话者的话题；5.使用说话者的人称——"您"和"您的"。

● **巧妙地赞同别人**

绝对不要忘记任何愚人都可以反对别人，而只有智者和伟人才会赞同——尤其当对方犯错误时。"赞同艺术"可概括为以下6点：

1.学会赞同和认可；2.当你赞同别人时，请说出来；3.当你不赞同时，千万不要告诉他们，除非万不得已；4.当你犯错时，要勇于承认；5.避免与人争论；6.正确处理冲突。

人际交往中的目光接触

在人际交往中，目光接触发挥着信息传递的重要作用。不同的目光，反映着不同的心理，产生着不同的心理效果。有种种表现：一旦被别人注视而将视线突然移开的人，大多自卑，有相形见绌之感。无法将视线集中在对方身上，并很快收回视线的人，多半属于内向性格，不善交际。听别人讲话时，一面点头，一面却不将视线集中在谈话者身上，表示对来者和话题不感兴趣。说话时，将视线集中在对方的眼部和面部，是真诚的倾听、尊重和理解。只注意自己手中的活计，不看对方说话，是怠慢、冷淡、心不在焉的流露。仰视对方，是尊敬和信任之意；俯视他人，是有意保持自己的尊严。伴着微笑而注视对方，是融洽的会意；随着皱眉而注视他人，是担忧和同情。面无悦色的斜视，是一种鄙意；看完对方突然一笑，是一种讥讽；突然圆眼瞪人，是一种警告或制止；从头到脚地巡察别人，是一种审视。彼此心存好感的两人说话，更注视对方的眼睛，以示寓意通达；话不投机的人相遇，一般都尽量避免注视对方的目光，以消除不快。有人在交际中，喜欢戴太阳镜，即使在室内或阴影下，也不将眼镜摘下，是因为他不愿让别人从他一双眼睛发现他的秘密。但是，戴着深色眼镜与人交往，目光不能等同地接触，会造成一些隔膜和不悦。

眼神和心理，是交往中引人注目的一个课题，注意在实践中领悟的运用，是有价值的。如果你希望给对方留下较深的印象，你就要凝视他的目光久一些，以表自信。如果你想在和对方的争辩中获胜，那你千万不要把目光离开，以示坚定。如果你不知道别人为什么看你时，你就要稍微留意一下他的目光，便于对策。如果你和别人碰面，觉得不自在，你就要把目光移开，减少不快。如果你和对方谈话时，他漫不经心而又出现闭眼姿势，你就要知趣暂停，你若还想有效地沟通，那就要主动地随机应变。如果你想和别人建立良好的默契，应60%~70%的时间注视对方，注视的部位是两眼和嘴之间的三角区域，这样信息的传接，会被正确而有效地理解。如果你想在交往中，特别是和陌生人的交往中，获取成功，那就要以期待的目光，注视对方的讲话，不卑不亢，只带浅淡的微笑和不时的目光接触，这是常用温和而有效的方式。

好情绪是人际关系的润滑剂

人和人打交道时拥有好情绪非常重要，心理学家研究表明，在第一印象形成过程中，主体的情绪状态具有十分重要的作用。因此，我们应该重视与人交往时所表露出来的情绪，将好的信息传递给对方。

●用微笑传递良好的情绪

微笑是最有感染力的交际语言，是放之四海而皆准的"人际交往的高招"。微笑能很快缩短你与他人的距离，表达出你的善意、愉悦，给人春风般的温暖。在运用微笑传情达意的时候，要注意以下几个小技巧：

要相信微笑的力量。微笑往往会给人乐观向上、自信的印象，容易让人产生信任感。因此在微笑之前，你需要相信微笑有一种感染人的积极力量，富有自信的微笑更能打动人。

旅店帝王希尔顿尚且一文不名的时候，他的母亲就告诉他，必须寻找到一种简单容易、不花本钱而行之长久的办法去吸引顾客，方能成功。希尔顿最后找到了这样东西，那就是微笑！依靠"今天你微笑了吗"的座右铭，他成为了世界上最富有的人之一。微笑的力量是无穷的。

要笑得自然。微笑是美好心灵的外观，微笑需要发自内心才能笑得自然，笑得亲切，笑得美好、得体。切记不能为笑而笑，没笑装笑。

要笑得真诚。人对笑容的辨别力非常强，一个笑容代表什么意思，是否真诚，人的直觉都能敏锐判断出来。所以，当你微笑时，一定要真诚。真诚的微笑让对方内心产生温暖，引起对方的共鸣，使之陶醉在欢乐之中，加深双方的友情。

微笑要看场合。微笑使人觉得自己受到欢迎、心情舒畅，但对人微笑也要看场合，否则就会适得其反。比如当你出席一个庄严的集会，去参加一个追悼会，或是讨论重大的政治问题时，微笑就很不合时宜，甚至招人厌恶。当你同对方谈论一个严肃的话题，或者告知对方一个不幸的消息时，或者是你的谈话让对方感到不快时，也不应该微笑。因此，在微笑时，你一定要分清场合。

微笑的程度要合适。微笑是向对方表示一种礼节和尊重，我们倡导多微笑，但不建议你时刻微笑。微笑要恰到好处，比如当对方看向你的时候，你可以直视他微笑点头。对方发表意见时，一边听一边不时微笑。如果不注意微笑程度，微笑得放肆、过分、没有节制，就会有失身份，引起对方的反感。

微笑的对象要合适。对不同的交际对象，应使用不同含义的微笑，传达不同的感情。尊重、真诚的微笑应该是给长者的，关切的微笑应该是给孩子的，暧昧的微笑应该是给自己心爱的人，等等。

良好情绪是人际交往过程中的润滑剂。掌握好这些技巧，得心应手地运用情绪心理规则，你就能控制好情绪并达到用情绪感染别人的效果。

倾听用心感受

与人交谈之时，常会遇到这样的情况，彼此都急于表达，互相抢话，滔滔不绝地诉说，一番谈话下来，往往弄得彼此精疲力竭、互无好感而散，彼此没有任何质上的交流，只是犹如倾倒废物，为"倾倒"而说，索然无味。

上帝给人们两只耳朵，一张嘴，其实就是要我们多听少说。生活中，最有魅力的女人一定是一个倾听者，而不是滔滔不绝、喋喋不休的人。倾听，不仅仅是对别人的尊重，也是对别人的一种赞美。我们知道，在社交过程中，最善于与人沟通的高手，是那些善于倾听的人。也许在交谈过程中她并没有说上几句话，但是她一定会得到他人的肯定，认为她是善于倾听的人。

倾听是对别人最好的尊敬。专心地听别人讲话，是你所能给予别人的最有效，也是最好的赞美。不管说话者是上司、下属、亲人或者朋友，或者是其他人，倾听的功效都是同样的。人们总是更关注自己的问题和兴趣，同样，如果有人愿意听你谈论自己，你也会马上有一种被重视的感觉。小菲，是班级里年纪最小的，但是大家都很喜欢她。她积极、上进，总是很虚心，无论是谁说话，关于学习的或者与学习无关的，她都能够做到安静地聆听。

注意倾听别人讲话总是会给人留下良好的印象。在小说《傲慢与偏见》中，丽萃在一次茶会上专注地听着一位刚刚从非洲旅行回来的男士讲非洲的所见所闻，几乎没有说什么话，但分手时那位绅士却对别人说，丽萃是个多么善言谈的姑娘啊！看，这就是倾听别人说话的效果。它能让你更快地交到朋友，赢得别人的喜欢。当然，倾听不仅仅是保持沉默，用耳朵听听而已。

假设只用嘴巴和耳朵，而不用心去洞悉对方的心意，又何谈有效沟通呢？倾听某些时候不单单是一种礼貌，更是一种技巧，真正的倾听，是要用心、用眼睛、用耳朵去听。学会倾听才能更了解别人的心声，获得对方的尊重和信赖。

不要吝啬你的称赞

学会欣赏别人很重要，不仅自己能学到对方的长处，你也会收到"被欣赏"的回馈。欣赏别人自然要表达出来，称赞是职场沟通里很重要的一环，说得好，是compliment（称赞），可是说过头了，就有可能变成flatter（奉承）。以美国人沃尔夫森为代表的一些社会语言学家和心理语言学家的研究表明，称赞语中使用最频繁的形容词是：nice、good、beautiful、pretty和great，使用率较高的副词是表示加强程度的，如really、very等，代词是you、your，使用率高达76.97%，以明确被称赞者的身份；表示欣赏的动词是like、love。怎么样，够专业吧？言归正传，还是要教你几招实用的。

1.崇拜型

这些话都是最常用的，同事之间说话时，经常挂在嘴上也没有关系，说不定，还让彼此自信心暴增。

你是最顶尖的人物。

你是最好的。

2.表扬型

如果你是班长，下属工作完成得很出色，你可不要吝啬溢美之词。一句肯定的话，会激发十倍的工作热情。当然，你可以这样说：

你做得很好。

你真的令我印象深刻。

3.感激型

如果你接受了同学的帮助，或是被请了一顿饭，这时候不赞美一下，更待何时？

你帮了我大忙了。

这是我这么长时间以来吃到过最好吃的饭。

这顿饭太棒了。

最后，还要提醒一点，称赞别人时，要注意语调和表情。一定要由衷的，自然、真诚、得体最重要，过分夸张和恭维会让听者不舒服，甚至产生反感，起到相反的作用。

每天大声念五分钟报纸帮你战胜紧张

一个人演讲要克服三大困难。第一个困难就是紧张，因为我们缺少这方面的训练，一旦当众讲话就会紧张。心理学考察了紧张的原因，就是过多地注意别人对自己的注意，这是紧张的源头。如何解决这种紧张，心理学家讲了两个对策，有效也有局限性。第一个办法叫转移注意力，心理学家跟我们讲了两个最基本的动作，一个是握拳头，一个是深呼吸。如果快轮到你讲了，你就使劲握拳，全身都绷紧了，然后持续放松10秒，接着再使劲握拳再放松，再使劲，这样来三次你就不紧张了。再一个就是深呼吸，深深吸一口气，轻轻地、均匀地、慢慢地把它吐出来。只要你想着自己吸气吐气，注重自我，就会忘了别人的存在，这时紧张就会渐渐消失。深呼吸特别适合于坐主席台，但有的时候会有反复，所以这个办法有一点局限性。

第二个办法在心理学上叫作心理暗示。这需要我们通过练习来克服紧张。这个练习要做到两点，一是出声，不能小声，不能小于你正常讲演的声音，要比它大一点才行。二是要完整地连贯地练习，做到这两点就能行。出声就像游泳必须下水一样,演讲练习必须出声。完整的演讲练习意味着在游泳池里要能一口气游上1000米不休息,这才敢说到江河里试试。所以,出声的完整的练习是有效的办法,能够帮助我们克服紧张。

再有就是我们口头造句能力不够。因此,我们要练习,要把话说得严谨连贯,能让别人听懂,自己又说着顺口。

这就要求我们有积极的思维和句式,最简单的办法就是每天大声地念5分钟报纸。如果你坚持这么做了,2个月后相信大家就有强烈的感觉,半年就会有很大的提高,一年后这个问题差不多就解决了。这个办法效率很高,而且副产品也多。比方说前面讲的5000到10000字在脑子里得到了巩固,再比如说普通话比原来说得更好,再比如说讲话的胆量提高了,原来紧张的状态通过一年来大声念报纸的锻炼,肯定就不紧张了。而且,我们开始时念报纸,后来就是根据自己的理解讲,顺便就把那些句子改得更通顺,更适合自己的口语表达。这样时间一长,效果就出来了。

只有我们克服了紧张,有了口头造句的能力,同时想明白了,这个演讲才能讲出来,讲话才讲得好,否则这三条缺一条在某种程度上你都有可能讲不出话来。这是我们要过的三个基本门槛。

无论如何都应立即答复

无论是信件、电话、赠物,对于别人的行动立即提出答复乃是一大原则。提出答复的速度是决定一切的关键。提出答复所花的时间和人际关系的宽广恰成反比。答复速度慢的人人际关系狭隘。愈是动作缓慢的人,愈容易往后拖延,"现在太忙了"!然而这不过是借口。即使是极忙碌的人,只要是人际关系丰厚的人必定快速提出答复。

无论内容为何,提出答复才是重点。由于想提出恳切的答复,因此将原本打个电话即可的答复改以明信片寄出,原本为一行字即可的明信片则改为写长信。如此一来,答复就会多迟一天。过了一天才收到措辞恳切的信件,和当日收到只为一行字的明信片相比之下,后者无疑可以带来压倒性的强烈印象。凭着答复的速度,立即可以明白此人的能力乃至生活态度。延迟答复类型的人,一定朋友不多。

比方说接获赠书时，可以暂且先为一行字提出答复，"谢谢。我将立即展开阅读。"如果等到全部读完再提出答复，必将花费大量时间。与其为一张长信，不如为许多张短信。"我将立即展开阅读"，"我已经读到50页。"然后在最终读完时，"已经全部读完了。有几个地方非常有趣。"如果能写几句感想，即使整体的文字数量不多，对于接信的人而言，一定比最后才接获一封长信更高兴。

此外，所谓珍惜人际关系的人，是一旦与人约好时间后，必有能力排除万难，不在那段时间里安排任何工作。所以，几乎不曾发生取消约定的情形。反过来说，缺乏时间管理能力的人，无法扩展人际关系。愈是有闲暇的人，愈容易轻率地取消约定。假定A和B两人约好碰面，在A抽不出时间不得不延期的情形里，真正忙碌的人其实不是A，而是B。对于闲散的A而言，由于容易感觉"什么时候都有空见面"，因此无法强烈感受到将约定延期的紧迫感。由于对方空闲时间多，经常会一再变更约定的时间，自己则一点也不以为意。

没有距离就没有朋友

有人说，最亲近的关系总是最脆弱的，朋友之间的关系作为人际关系的一种，虽没有骨肉血脉的相连，但却有一种亲情无法替换的东西，也许在生活中的某个瞬间你会发现，身边最好的朋友在那时就像一个翻版的你自己，让你有一种心灵互动的感觉，但也有这样的时候，你认为你的好朋友对你了如指掌，有许多事不该对你有所隐瞒，甚至从某一天开始他突然疏远你而让你感到莫名其妙，或许有时你会替他做许多事，但他却不太领情……朋友之间互相关心是无需置疑的，但每个人都有自己喜欢的生活方式，如果任何事都不分你我的话，是不是也会使友情陷入一种尴尬的境地呢？

●真朋友就像凉白开

与甜蜜的爱情相比，友情显得平淡无奇；与温馨的亲情相比，友情难免索然寡味。爱情如美酒，亲情似浓汤，友情只能是凉白开。可是口干唇燥的人，最需要的莫过于一杯沁润心肺的水；当一个人苦闷不堪的时候，朋友伸过来的手往往胜过恋人的热吻和亲人的慰藉。水是生命的主要元素，朋友是人生的基本支柱。

古人云："君子之交淡如水。"无须背负海枯石烂的誓言，不用防备"朝三暮四"的变迁，不必讲究嘘寒问暖的客套，也不用顾忌牵肠挂肚的担心，朋友就是那个愿意做你听众、却不让你内心不安的人。煲电话粥也罢，促膝谈心直到东方发白也罢，烦闷与苦恼尽可以和盘托出。你感激他的耐心，他感谢你的信任，然后互道珍重各走各的路。

都市中人个个如刺猬一般，朋友间相处应该既能感受到对方的温暖又免于相互的伤害，大可不必认准一个好友跟你分担所有的欢喜悲忧。愉快地相互欣赏，忙的时候放在一边，有空的时候搞个聚会，需要的时候打个招呼，朋友就是这么简单。

●每个人都需要自由的空间

心理学家霍尔认为，人际交往中双方所保持的空间距离是人际关系的表现，研究发现，亲密关系（父母和子女、情人、夫妻间）的距离为18英寸，个人关系（朋友、熟人间）的距离一般为1.5～4英尺，社会关系（一般认识者之间）一般为4～12英尺，公共关系（陌生人、上下级之间）的距离为12～25英尺。

说出这个理论，并不是我也认可与朋友、熟人交往要把距离控制在1.5～4英尺之间这么精确，但我赞同人际互动中的距离的确是人对事物在态度上的一种表现。

朋友、熟人往往是通过沟通，在思想、情趣等方面因为相通或互补而建立了比较亲密的类似于战友般的情谊，在他们面前，我既不会刻意隐瞒自己的恶习，也不会坦诚地倾诉自己所有的缺点，因此，朋友、熟人能够介入且只能介入的也只是我生活的一部分。而在一个屋檐下朝夕相处的父母一定了解我是否早起刷牙，是否睡前洗脚等一系列的生活细节，所以，他们介入我生活的程度更深，这样的亲密是任何一个朋友不能比拟和替代的。

如果把自己看作一个集合，把上面的两类人想象成另外两个集合，则这两个集合都与我有交集，两个集合既不包含我也不与我重合，我自己与他们永远都不相交的部分，这是我的私人空间，它只属于我，是我最个性化的部分。

无论对朋友还是父母，我的私人空间永远都不会敞开，他们可以远远地欣赏，因为那里虽然隐秘但不肮脏，虽然是很小的一个空间，但我需要并且一定要用自由填满，其实，这对每个人都很重要。

●总会有不喜欢朋友打扰的时候

我把自己的朋友大致分成三类，第一类是最要好的，彼此非常了解对方，并确认能够同甘共苦的，属于患难之交。第二类是比较好的，在某一个特定的场合条件下认识的，是有些话能说有些话不能说的朋友。第三类属于萍水相逢的朋友。

我愿意把朋友这个称呼定义为我的第一类朋友，因为我们最贴近，最投缘，真正是无话不谈，我们都会尽可能为对方着想，但我不欢迎我的朋友介入我的私人生活，也许更多时候朋友是出于关心你的目的，怕你受到伤害才无意识地介入的，如果你不喜欢，最好是先给他暗示，但如果他仍不明白，可以约他出来聊一聊，把自己的意思恰当地表达出来。

有的人把好朋友当成自己，认为好朋友之间就不能有秘密，其实，"无话不说"也有个限度，有这样的事发生在身边，两个特别要好的女孩，同吃同住，好得就像一个人，彼此对对方都了如指掌，由于她们太熟悉对方而不分你我，把对方的秘密当成自己的而告知于人，严重影响了朋友的正常生活而使朋友关系难以维持，所以，就算是对最好的朋友，也要适当保留一些你个人的秘密，不要妄想公开你的私人生活来证明你对朋友的诚意，也不要奢求朋友会对你的任何私人问题都有帮助，是自己面对的就要勇敢面对。

如果两个好朋友在事业上能够志同道合，在生活上能够互相关心，而在私人生活上又相对独立，彼此不打扰对方喜欢的生活，那才是一种高尚的友谊，相信这也正是我们作为别人朋友所要追寻的境界。

●对朋友说"不"又怎样？

前段时间，我的大学同学进辉因为生意失败缺钱周转，我把所能资助他的5万元钱拿出来借给他。进辉很感动，他知道我是倾囊相助，所以，他每晚都会打电话来大吐苦水，我每天下班很晚回来后，还要花两三个小时陪他聊天解闷，说完他的事，他又开始说我家的事，而且上上下下的事他都不免要评论几句，大大小小的事他都要打听。开始，我觉得他心情不好，只要他问起，我都或多或少地说两句。更糟糕的是，他在半夜三更会来找我，让我陪他去酒吧，这样的日子持续了将近一个月，我再也忍受不了，家人的生活也受到了影响，对我牢骚满腹。我觉得我能为朋友两肋插刀，可我已自身难保了，再也没精力帮他了。有一天，我也跟他大吐苦水，他毕竟是我朋友，很了解我，也明白了我不喜欢他这样的相处方式。

对朋友说"不"真的很难，但只要不是"见死不救"，是朋友的话一定能够理解。

不善言谈者成功交际的良方

无须例证，人们也会形成这样的共识：口才好的人在交际场上能够左右逢源，语言反应灵活，应答随机应变，在社会交际中人缘广结。反之则不然！这就使有些语讷迟钝的人对社会交际活动感到望尘莫及，常常使他们产生一种自惭形秽的感觉，认为交际只会青睐那些巧舌如簧者，对不善言辞的人是没有缘分的，致使一些木讷者丧失了交际的信心。那么，口才不好的人应该打入交际的"另册"吗？其实不然。只要掌握适当的交际方法，拙口笨舌也能胜过唇枪舌剑。

下面介绍的四种交际方法，不失为语讷者搞好交际的一帖良方。

以柔克刚法。这种方法就是以"诚"待人，用态度上的"柔"来克语言上的"刚"。

富兰克林在年轻的时候，被推选为宾夕法尼亚州议会秘书。在此之前，他却被一位新议员在一次长篇演讲中骂得狗血喷头。怎样对待这位新对头呢？若以牙还牙，论口才富兰克林绝不是这位议员的对手。富兰克林心想：我对这位新议员的攻击自然很不高兴，但他是个很有学问的人，日后在议会里定会成为有影响的人物。不过，我也绝不能以卑鄙的阿谀奉承来讨取他的欢心，我必须用诚恳的态度来打动他。富兰克林听说那位议员有几部很珍贵的藏书，便写了封短函，表示很想向他借阅。议员收到短函，果真把书送来了。过了一星期，富兰克林把书还给他，另附一封信表示诚挚的谢意。结果，当两人在会议室相遇的时候，议员主动亲切地和富兰克林打招呼，开始友好的交谈，后来还许诺要在一切事情上支持富兰克林。就这样，两人逐渐成为知心朋友，友谊一直维持到议员去世。

富兰克林为了克服口才不好的缺点，他时常把一切意见都用十分谦逊的口吻表达出来，从不说一句易于引起别人反感的武断话。对他人的意见总是予以相当的尊重，即使觉得有些不对的地方，也用十分温和的间接方法指出来。同时，如果自己有了错误，一经发觉，立刻坦白承认。他深知自己缺乏能言善辩的口才，不能与别人的唇枪舌剑一决雌雄，不得不用这种"态度上的柔术"来补救。这时，沉默也很有效。但沉默不等于呆若木鸡，一言不发。你可以时不时地微笑着与人打打招呼、向人点点头或偶尔投去友好的一瞥，这样就会给人一种庄重、尊严的感觉，也不会失体面，而且更能吸引人。

欲取先予法。衡量交际成功与否的重要标志就在于是否取得了众多人的理解和信任，即是否"赢得了众人心"。口才不好且善于交际的人，往往就是采取"欲取心，先予助"的方法来获得交际上的成功。

汉高祖刘邦，成功的原因之一就是擅长运用人才。但是，他的部下并不都是温顺地听从主人的那一类型，而且各有各的脾气，刘邦本人也不善"以言动人"。可是，大家都奇妙地聚集在他身边，即使情势再差，也没人背叛他。原因何在？刘邦有一次跟群臣共进酒宴时，自己突然问道："我为什么能够得天下，你们知道吗？"众臣答曰："陛下得到手的东西不会独享，让我们大家分享。"可谓一语道破天机，刘邦聚才安邦的诀窍就在于"善施、助人"。

然而，受惠过多往往会令人感到不安，产生逆反心理。因此，在现代交际活动中，采用"欲取先予"法时，要注意维护对方的自尊心。一方面，在助人时，应本着不求报偿的态度，使受惠者安心，使之认识到施助本身正显示着对受惠者的尊重；另一方面，故意请求对方给予自己容易做到而又代价不高的帮助，来提高对方的自尊。

以德取信法。交际学认为，人的品德是一种重要的交际素质。高尚的品德有着强大的影响力，其势为唇枪舌剑者所不敌。常常言行不一的人，演讲的水平越高，人们越反感。实际上，人们在交际过程中，往往总是听其言、观其行、察其德，"口蜜腹剑"者最遭人唾骂。所以，口才不好的人应弃其"言"而养其"德"，以德取信于人。平时交往要豁达大度，胸怀宽阔，要有容人之量，切莫斤斤计较，得理不让人。这样无需用"舌战群儒"的雄辩之才，也同样能打动人心。

有这样一个故事：战国时期，楚庄王有天晚上大宴群臣，恰逢风吹烛灭。黑暗中，有人乘机拉了一把庄王爱妾许姬的衣袖，许姬顺势摘下那人的帽缨，并禀告庄王掌灯追查。庄王则曰："酒后狂态，不足为怪。"并叫大家统统摘下帽缨。不久，楚国遭到吴国大举侵犯，一个名叫唐狡的将军英勇奋战，冲锋陷阵，立下了赫赫战功。庄王问他为什么这样勇敢？唐狡则说："臣乃先殿上绝缨者也。"庄王不计较臣下的小过失，从而赢得了臣子的效命之心，而终获大益。这颇值得口才不好者借鉴。

以行补讷法。孔子曰："君子欲讷于言，而敏于行。"这一观点正好为口才不好的人如何进行交际指出了一条路子。在现代社会里，人们羡慕能言善辩的人，但更赞赏和崇拜实干家。所以，口才不好多干实事更得人心。

某学校有一同学，素来不善言辞，说话直来直去，起初也得罪过不少人。但他干事却非常勤劳，很能助人为乐，谁的桌椅坏了，身体不舒服了，他都抽时间帮忙。结果，他在学校里的人际关系最好，大家都喜欢和他来往，原来被他得罪的同学也理解他了。

可见，口才不好的人只要有交际的信心和勇气，有一定的以长补短的方式，就一定会取得交际的成功。当然，如果再下工夫练出一副好口才，那就会在交际中如鱼得水，如虎添翼！

忠言亦应不逆耳

自古有云："良药苦口，忠言逆耳。"换句话说就是，往往中肯的建议会让人心理上产生不舒服的感觉，也不容易被人采纳。其实，掌握一些基本的沟通技巧，忠言也能变得顺耳。

来自纽约的心理学博士简·格丽尔说："提有意义的建议很重要。当与你最亲近的人需要你的意见时，拒绝表态、或只说一些敷衍的内容，或者提出的建议不能得到有效利用，最后坑害的是你自己和你们之间的关系。"下面关于提建议的小技巧，能使你的忠言也变得顺耳起来。

●好的开场白，能使你的观点更受欢迎

妥当的话，都是想好之后说出来的。所以，当对方向你说明一个新的决定时，不妨先听清楚整件事情的来龙去脉，思考片刻，然后再说："现在你想听听我的一点建议吗?"，也可以说："想不想听一个和你的想法完全不同的主意?"如果对方表示出想听的意愿，通常她也会将你的

话当作重要的参考；但如果对方反应冷淡，你不如选择沉默。

●别让叙述的口气变得严肃、沉重

像一个权威专家一般阐述自己的观点，常常会让对方感觉压抑，容易产生辩驳的欲望，也可能使你们的沟通进入僵持阶段。例如，直接说"你还不如不参加这个比赛了"或者"我要是你，早就退出了"，都会给对方增添心理压力，不如换个方式这样说："你有没有考虑过暂时放弃？"

●不指摘他（她）最亲近的人

即使是最亲密的朋友向你大吐苦水，说起亲人、朋友的种种不是，并征求你的意见时，你也不要顺着她的意思，一起说那个人的不是，挑那个人的毛病，即使你说的全是事实。越是对方亲近的人，越不应当由你来作出评价。因为，也许不到两天，他们便会和好如初，她（他）会把自己说过的话忘得一干二净，但他（她）极有可能会对你说过的那些"坏话"一直耿耿于怀。

●学会赞美，减少话语中的"攻击性"

有时候你明明说的是很中肯的话，但对方未必能听到心里去，很重要的一个原因便是，你的措辞过于"咄咄逼人"，也许在不经意间伤害了对方。先将想说的话在脑子里过一遍，想象着此时是另一个人正在和你说这些话，看看你是否会对其中的某些话语感到别扭或心里不舒服。

也可以尝试着先真心诚意地认可和赞美对方的某些观点，然后再询问："你确定这个想法就是最好的吗？"接着说出自己的想法。如果你的建议最终也没被采纳，不要因此变得愤怒或尖刻，要知道，你的目的是让身边的人妥善处理问题，而不是只听你一个人的指挥。

举例说明：表达方式不同，意思也"变味"。

你真正想表达的意思1："你的气色越来越好了。"

带"攻击性"的话语："呀！你的气色可比我上次见你的时候好多了。"

具体分析：这句话最大的问题在于，将原本赞美的话说成了一个对比的结果。不但无法让对方感觉到自己是受到了赞美，而且可能会使对方误解为：自己原来气色不好，现在是比以前好了，但也未必能好到哪里去。

更合理的说法："你的气色真好。"

具体分析：赞美的话不需要过多修饰，应该说得直截了当，简洁明了。

你真正想表达的意思2："在细节上做些改变，你会更漂亮。"

带"攻击性"的话语："你换一种头发颜色，就不会看着那么老气了。"

具体分析：对人从头到脚的——点评，本身就是一种不礼貌的表达方式；而且，如果只是在说头发颜色，可能还不会显得过于尖刻；可是，最后顺带点评了一下对方"看起来老气"，会让听者大感不悦，你的建议自然也会惹人反感。

更合理的说法："你只需要在细节上稍加修饰，会比现在更漂亮，先考虑换一种头发颜色如何？"

具体分析：弱化头发颜色的问题，先表达你对她个人形象的部分肯定，再说明简单作些改变，便能好上加好，这样更容易让对方接受你的观点。

你真正想表达的意思3："这份工作占用了你很多私人时间，可以考虑换份工作。"

带"攻击性"的话语："真难以相信，这种像狗一样累的工作，你能干得这么起劲。"

具体分析：这是一句最典型的、充满"攻击性"的说法。请谨记，即使对方是你最好的朋友，听到这样的话也不会感到高兴，而会觉得你为人尖酸刻薄。而且，这样的话一旦脱口而出，立即道歉也无济于事，反而会让对方对此话的印象更加深刻，不悦感增强。

更合理的说法："你看起来做得很辛苦，你是真的很喜欢这份工作吗？"

具体分析：友好沟通的前提是体谅对方。所以，你不妨先从关心他（她）的角度开始，先听听他（她）是怎么想的，再具体问题具体分析，而不是断然替他人作出"辞职不干"的决定。

巩固友谊应具备的八种心态

也许你会为有几个志趣相投、感情深厚的朋友而自豪。可有时你也许会为朋友们的日渐疏远而苦恼和困惑：你与朋友之间没有多大隔阂和矛盾，友情怎么会淡化了呢？其原因可能来自方方面面，但如果你注意保持以下八种心态，就会使友谊得到不断的巩固。

●适应表现，言谈谨慎，别让朋友的自尊心受到伤害

也许你与朋友过往甚密，无话不谈，也许你的才学、相貌、家庭、前途等等令人羡慕，高出朋友一头，这些有利的条件可能会使你不分场合，尤其是与朋友在一起时，更是无所顾忌，锋芒毕露，毫无节制地表现自己。言谈中往往会流露出一种明显的优越感，这会令人感到你是在居高临下地对人讲话，有意炫耀抬高自己，使别人的自尊心受到伤害。不由得产生敬而远之的想法。所以，在与朋友交往时，要控制情绪，保持理智，态度谦逊，虚怀若谷，把自己放在与人平等的地位上，并注意时时想到对方的存在，照顾对方的心理承受力。

●分清彼此，信守契约，别让朋友对你产生防范心理

朋友之间常常东西不分彼此，但是，如果对朋友的东西，不经许可，便擅自拿用，不加爱惜，有时迟迟不还或者干脆不还，时间长了，便会使朋友认为你过于放肆，由此产生防范心理，并有可能导致你们之间关系的疏远。实际上，朋友之间除了友情，还有一种微妙的契约关系。就物而言，你和朋友之物都可以随时借用，这是超出一般人关系之处。但你对朋友的东西应该有一个清醒的认识："朋友的东西更应该加倍爱护。"要把朋友的物品看作友情的一部分加以珍视，注重礼尚往来的规矩，这样才会使朋友永远信任你。

●避免散漫，讲究小节，别让朋友对你产生轻蔑、反感

朋友之间，谈吐行为应直率、大方、亲切，不矫揉造作，唯其如此，方显出自然本色。但如果过于散漫，不重自制，不拘小节，则使人感到你粗鲁庸俗。也许你和一般人相处会以理性自约，但与朋友相聚就

忘乎所以，或指手画脚，或信口雌黄、海阔天空，或肆意打断朋友的话语，讥讽嘲弄，或听朋友说话时左顾右盼，心不在焉。也许这是你的自然流露，但时间长了，朋友会觉得你有失体面，没有修养，对你产生一种厌恶轻蔑之感，就会改变对你原来的印象。所以，在朋友面前应保持自然而不失自重，保持热情而不失礼仪，做到有分寸，有节制，才能赢得朋友永远的友谊。

●信守诺言、严守约定，别让朋友觉得你不可信赖

你也许不那么看重朋友间的某些约定，对于朋友之求爽快应承后又中途变卦。也许你真有事情耽误了一次约好的聚会或没完成朋友相托之事，也许你事后会轻描淡写地解释一二，认为朋友间能够互相谅解，区区小事无足挂齿。殊不知朋友会因你失约而心急火燎，扫兴而去。虽然他们当面不会指责，但必定会认为你在玩弄朋友的友情，是在逢场作戏，是缺乏信赖感的人。所以，对朋友之约或之托，一定要慎重对待，遵时守约，要一诺千金，切不可言而无信。

●求友相助，不要强求，别让朋友认为你太无理、霸道

当你有事需要求人帮助时，首选对象当然是朋友，可你事先不做通知，临时登门索求，或不顾朋友是否情愿，强行拉他与你同去参加某项活动，这都会使朋友感到左右为难。他如果已有活动安排不便改变就更难堪。对你所求，若答应则打乱自己的计划，若拒绝又在情面上过不去。或许他表面上乐意而为，但心中却有几分不快，认为你太霸道，不讲理。所以，对朋友有所求时，必须事先告知，采取商量的口吻说话，尽量在朋友无事或情愿的前提下提出要求。

●分清场合，进退有度，别让朋友对你感到厌烦

当你到朋友家串门时，若遇上朋友正在读书学习，或正在接待其他客人，或正准备外出等，如果你自恃彼此是朋友，不顾场合，不看朋友脸色，一坐半天，夸夸其谈，喧宾夺主，不管人家早已如坐针毡，极不耐烦，这样，朋友一定会认为你太没教养，不识时务，不近人情，以后就想方设法躲避你，害怕你再打扰他的私生活。所以，每逢类似这种情况，你一定要反应迅速，稍稍寒暄几句就知趣告辞，你要知道，珍惜朋友的时间和尊重朋友的私生活如同珍重友情一样可贵。

●用语讲究，玩笑得法，别让朋友突然间感到你可恶可恨

有时你在大庭广众面前，或为炫耀自己能言善辩，或为哗众取宠逗人一乐，或为表示与朋友"亲密"，乱用尖刻语言，尽情挖苦讽刺别人，大出洋相以搏人大笑，获取一时之快意等等。这些做法往往会使朋友感到人格受辱，认为你变得如此可恨可恶，后悔误交了你。也许你还不以为然，会说朋友之间开个玩笑何必当真，殊不知你已伤害了朋友的感情。所以，朋友相处，尤其是在众人面前，应该和气相待，互敬互让，切勿乱开玩笑，恶语伤人。

●尊重朋友，善纳人言，别让朋友感到你是无为多事之人

是朋友就要同舟共济，对好意相劝应认真考虑，适当采纳。如果你无视这一点，一意孤行，坚持己见，无视朋友之言，我行我素，结果自己吃亏，朋友受累。这必定使朋友感到失望，认为你太独断专行，不把朋友放在眼里，是个无为而多事之人，以后日渐疏远。所以你在遇事决策时，应认真听取朋友的意见，理解朋友的好心，即使难以采纳的意见，也要解释清楚，使朋友觉得你尊重他。

怎样谢绝别人的好意

在人际交往中，我们总会遇到一些为难的事情。

例如，有同学邀你外出游玩，可你因有其他事情不能同往。

有人送给你礼物，不好接受。

父母出于疼爱，帮你做某些事情，但你不愿让父母代替你做等。

面对这种"难题"，有时我们不得不使用谢绝的语言。

人们都不愿意自己的愿望遭到拒绝，对方一个断然的"不"字，更有伤情面。所以，谢绝的语言要特别注意礼貌、分寸。

感谢对方的好意。如果对方发出游玩的邀请，或赠送礼物等，而你出于某种原因需要谢绝时，要称赞和感谢对方的热情友好，表示非常高兴接受这份感情。

如"你这番心意我领了""谢谢你的好意"。这样做来，对方即使被回绝，仍觉得你是个通情达理的人，因为你理解了他的美好用意。

诚恳地致歉。"对不起，让您失望了"；"真的很抱歉，我实在不能……"；"请您原谅……"这些话绝不是可有可无的。没有它，将使你显得高傲和不近人情。因而，为不能满足对方的愿望而致歉是非常必要的。

寻找恰当的借口。提出借口来谢绝对方并不是不礼貌。

事实上，借口是生活中必不可少的。在许多情况下，要拒绝对方的某一要求而又不便说明理由，也不便向对方说什么道理，不妨寻找恰当的借口（或称"托辞"），以正当的，不至于被对方责怪的理由来回避对方的要求。例如，你不太喜欢与某一同学在一起玩，可他偏偏硬拉你去打球，而你又没有拒绝的理由，不妨找一个借口，说："对不起，我妈妈让我早点儿回家（实际不是）。"这一借口，既达到了谢绝的目的，又不伤他的自尊。

怎样与自己不喜欢的人打交道

很多人在生活中只愿与自己喜欢的人交往，而对于不喜欢的人，或嗤之以鼻，或敬而远之，总之不会主动去向人家示好，若是不喜欢的人同时又是有很大矛盾的人，就更会形同陌路，甚至横眉冷对。而这种做法对工作和事业的发展却非常不利。

那么，怎么与自己不喜欢的人打交道呢？具体该怎么样做？

首先你要明白，是什么原因使你对某个人特别反感，为什么他同样的特点，别人就可以忍受。你可以细心体验一下，这个人的特点像谁？像你早年重要亲人中的谁？小时候你对这位亲人有怎样的感受，又会有怎样的关系互动模式？例如同学小明总是与别人起冲突。究其原因，他有一位懦弱而专制的父亲，从小深受父亲严厉管教和责罚之苦，他对父亲有着强烈的被压抑的愤怒，于是在生活中他会不自觉地把对父亲的情绪和态度"转移"到具有类似特点的人物身上，别人成了他无意识发泄对父亲愤怒的一个"靶子"。

心理学中有个小原理，你不接纳别人的某个特点，实际上是因为你自己的潜意识中就有类似的东西，因为不接纳自己，才会如此不接纳别人。小丽是个内向的女孩，平时沉默寡言，不喜欢与人交往。但实际上，她是非常渴望友情的，只是她一直深深压抑这个愿望而已。

在领悟了这些原因之后，去和不喜欢的人打交道，心态就会放轻松些。另外人际关系的矛盾常常"一个巴掌拍不响"，相互间用冷漠和敌意对待对方，只会进一步把对方"推"到自己的对立面，而如果尝试以德报怨，以温和与友好来面对对方的"找茬儿"，你的对头就会逐渐感受到你的善意，坚冰就会逐渐融化，你们之间也就更容易建立一种遇到问题"对事不对人"的健康人际关系。

怎样化解尴尬的场面

在交际中遇到的尴尬的场面时，做到审时度势，准确把握双方的心理，然后运用说话技巧，借助恰到好处的话语及时出面打圆场，化解尴尬，维护交际活动的正常进行，就显得十分重要和宝贵，也确实是十分必要和值得重视的。要想成功地打圆场，可以针对实际情况，灵活对待，或用幽默的话语转移话题，制造轻松气氛；或指出各方观点的合理性，强调尴尬事件有其合理性；也可以故意歪曲对方话里的意思，而作出双方都能接受的解释；还可以肯定双方看法的合理性，找到双方都能接受的解决方法。

1.转移话题，制造轻松气氛。在交际场合中，如果某个较为严肃、敏感的问题弄得交谈双方都很对立，甚至阻碍交谈正常顺利进行时，我们可以暂时让它回避一下，通过转移话题，用一些轻松、愉快的话题来活跃气氛，转移双方的注意力，或者通过幽默的话语将严肃的话题淡化，使原来僵持的场面重新活跃起来，从而缓和尴尬的局面。如朋友之间为了某个问题争得面红耳赤，僵持不下时，可以适时说一句"要把这个问题争得明白，比国家足球队赢球还难"；或者说一个笑话，让双方的情绪平缓下来，在轻松的气氛中让尴尬消失殆尽，使交际活动得以顺利进行。有时候当人们因固执己见而争执不休时，造成僵持局面难以缓和的原因往往已不是双方的看法本身，而是彼此的争胜情绪和较劲心理在作怪。实际上，对某一问题的看法本身常常并不是固定不变的常数，随着环境的变化和角度的转移，不同乃至对立的看法可能都是合理和正确的，因此，我们在打圆场时要抓住这一点，帮助争论双方换一个角度来看待争执点，灵活地分析问题，使他们认识到彼此看法的相对性和包容性，从而让双方停止无谓的争论。

2.找个借口，给对方台阶下。有些人之所以在交际活动中陷入窘境，常常是因为他们在特定的场合做出了不合时宜或不合情理的行为，于是就进一步造成整个局面的尴尬和难堪。在这种情形下，最行之有效的打圆场的方法，莫过于换一个角度或找一个借口，以合情合理的解释来证明对方有悖常理的举动在此情此景中是正当的、无可厚非的和合理的，这样一来，对方的尴尬解除了，正常的人际关系也能得以继续下去了。

3.善意曲解，化干戈为玉帛。在交际活动中，交际的双方或第三者由于彼此言语之间造成误会，常常会说出一些让别人感到惊讶的话语，做出一些怪异的行为举止，从而导致尴尬和难堪场面的出现。为了缓解这种局面，我们可以采用故意"误会"的办法，装作不明白或故意不理睬他们言语行为的真实含义，而从善意的角度来作出有利于化解尴尬局面的解释，即对该事件加以善意的曲解，将局面朝有利缓解的方向引导转化。善意的曲解并不是单纯的和稀泥、捣浆糊，而是弥补别人一时的疏忽，消解别人心中的误解和不快，保证人际交往的正常进行，因而是一种很有效也很有必要的交际手段。

4.审时度势，让各方都满意。有时在某种场合中，当交际双方因彼此不满意对方的看法而争执不休时，很难说谁对谁错，作为调解者应该理解争执双方此时的心理和情绪，不要厚此薄彼，以免加深双方的差异，并对双方的优势和价值都予以肯定，在一定程度上来满足他们的自我实现心理，在这个基础上，再拿出双方都能接受的建设性意见，这样就容易为双方所接受。